DE QUELQUES JOURNAUX

SOUS LE RAPPORT

DE LA

QUESTION DU PORTUGAL.

IMPRIMERIE ANTHELME BOUCHER,
RUE DES BONS-ENFANS, Nº. 34.

INJUSTICE ET MAUVAISE FOI

DE LA PLUPART

DES JOURNAUX

DE LONDRES ET DE PARIS,

AU SUJET DE LA

QUESTION DU PORTUGAL,

DES DROITS DE LA NATION PORTUGAISE

ET DE CEUX DE

DON MIGUEL;

PAR

Antonio Ribeiro Saraiva,

ÉMIGRÉ PORTUGAIS.

> *Libertas et speciosa nomina prætexuntur, nec quis-*
> *quam alienum servitium..... concupivit, ut non eadem*
> *ista vocabula usurparet.*
> Tacit., *Hist.*, *lib.* IV.
>
> Ils mettent toujours en avant les grands mots de *liberté*
> et semblables; telle a été toujours la pratique de ceux
> qui désirent la servitude des autres, d'abuser de ces
> mêmes mots.

PARIS.

DELAFOREST, LIBRAIRE, PLACE DE LA BOURSE,

RUE DES FILLES-SAINT-THOMAS, N°. 7.

1828.

AUX GENS RAISONNABLES.

Les journaux de Londres et de Paris ont dit de nous, royalistes portugais, tout ce qu'ils ont voulu; il n'y a pas de calomnie qu'ils n'aient débitée au sujet de don Miguel, de la Reine sa mère, et, en général, de tout ce qui, en Portugal, ne pense pas entièrement comme les rédacteurs et les correspondans de ces journaux. Il faut qu'à notre tour nous disions aussi quelque chose pour notre défense, pour que l'impartialité puisse déterminer son jugement sur la question du Portugal, d'après la justice.

Ce n'est pas pour messieurs lesdits journalistes que nous écrivons, nous sommes bien sûrs que toute peine serait inutile pour leur faire entendre raison, puisqu'ils commencent par boucher leurs oreilles quand on veut leur produire quelque raison contre la plus futile de leurs assertions sur les choses du Portugal. La conviction de ces messieurs, et de ceux de leurs lecteurs qui partagent sans discernement toutes leurs idées, vient de leur cœur, et non pas de leur tête, et j'avoue qu'il n'y a pas de logique qui ne se trouve en défaut contre une telle fermeté de principes : — *Je veux croire cela parce que je veux le croire, et je ne m'avise pas de discuter si j'ai raison.* — Mais il y a aussi des personnes qui, après avoir entendu l'accusateur, aiment à entendre l'accusé se défendre des torts qu'on lui impute, et qui, si Pilate leur disait : « Je ne trouve aucun crime en cet » homme ! » ne crieraient pas à tort et à travers, comme les Juifs : *crucifige, crucifige eum !* C'est pour ces gens que la vérité est faite, c'est à ceux qui l'aiment que nous nous adressons.

Nos adversaires ne veulent pas, malgré tous les défis que nous leur avons présentés, entrer en discussion, parce qu'ils craignent la comparaison qu'à cette occasion on pourrait établir entre leurs raisons et les nôtres ; cependant, vous les entendrez assez souvent réclamer la discussion libre et franche pour tout, même pour des choses que la bienséance exigerait qu'on traitât en particulier !... Ne vous en étonnez pas ; il arrive assez souvent que ce sont eux qui prêchent les principes, et c'est nous qui en réclamons en vain l'observance ; cela est tout naturel, puisque ces messieurs qui créent des principes à leur fantaisie, se réservent aussi, à bon droit, d'en dispenser quand il leur plaira. Laissons donc là ces *oracles* avec leur commode *infaillibilité*, et entendons-nous avec ces *imbéciles* qui ont encore assez de *préjugés* pour désirer d'être raisonnables et de le paraître ; que messieurs les journalistes ne se fâchent pas cependant, si, sans la moindre prétention de les convertir, nous réduisons leur manière de discourir à certains égards au creuset de la saine raison.

[illegible]

INJUSTICE ET MAUVAISE FOI

DE LA PLUPART

DES JOURNAUX

DE LONDRES ET DE PARIS,

AU SUJET DE LA

QUESTION DU PORTUGAL,

DES DROITS DE LA NATION PORTUGAISE

ET DE CEUX DE

DON MIGUEL.

———

Toutes les diatribes que les journaux ont débitées et continuent de débiter contre don Miguel et contre la nation portugaise, qu'ils qualifient de *parti* (1) *, se réduisent à trois chapitres principaux : 1º. appeler don Miguel un *usurpateur*, et don Pèdre, *roi légitime* de Portugal, sans donner la preuve ni de l'un ni de l'autre; 2º. déclarer le même prince (don Miguel) un *parjure*, sans trop nous dire ce qu'il a juré, et si moralement il pouvait même faire ces prétendus sermens, ou si la nation portugaise était obligée de se soumettre à tout ce que don Miguel eût pu promettre contre elle; 3º. donner de don Miguel et des défenseurs des droits du peuple portugais une idée fausse

———

* Les notes iront à la fin de cette brochure, d'après l'ordre des indications (1), (2), (3), etc.

de férocité, de vengeance et de soif de sang, afin d'indisposer le monde contre eux et inviter les gouvernemens
de l'Europe à empêcher tant de *cruautés*, comme les
journaux prédisent qu'on en va commettre en Portugal.

Nous ferons des réflexions sur chacun de ces points ca-
pitaux, espérant qu'on les trouvera tous bien loin de la
vérité, ou plutôt, placés dans les espaces imaginaires.

1°.

Il était excusable que vers la fin de 1826, quand les
cabinets mêmes de l'Europe se sont trompés à l'égard
des droits de don Miguel et de don Pèdre en reconnaissant celui-ci comme successeur légitime de Jean VI; il
était excusable, dis-je, que de simples particuliers pen-
sassent que ce titre appartenait vraiment à don Pèdre.
Notre Portugal est si petit!... On s'occupait si peu de lui
depuis long-temps, qu'il n'y a rien d'étonnant à ce qu'on
ne fût pas bien instruit sur les lois fondamentales et la
vraie constitution de ce pays (2). Au reste, la succession
de l'aîné d'un roi aux couronnes de tous les états de son
père est une chose si ordinaire presque partout, qu'on ne
s'est pas même avisé, au commencement de la question
du Portugal, d'examiner si une exception à cette règle
pouvait exister, établie par la loi fondamentale de ce
royaume. Et voilà donc la raison pourquoi les cabinets
de l'Europe, poussés encore par les intrigues de Canning
et des ennemis de la légitimité, ont reconnu en don Pèdre
des droits qui n'existaient pas aux dépens des droits vé-
ritables et légitimes de la nation portugaise et du prince
don Miguel.

Il n'est pas étonnant que des gouvernemens qui se sont
trompés aient de la difficulté à reconnaître leur erreur et à

revenir sur leurs pas ; le proverbe, *sapientis est mutare opinionem,* sera difficilement adopté par un cabinet qui fit un faux pas, même quand il aura l'intime conscience de sa faute ; quelque louable que soit dans un particulier la docilité à changer de route quand il sent qu'il s'est égaré, changement qui d'ailleurs ne peut être qu'avantageux pour lui, il n'est pas de même quand l'égaré n'est pas un particulier, mais un gouvernement. Un particulier ne peut que gagner en crédit à ce qu'on le voie chercher de bon cœur la vérité et à se corriger ; mais un gouvernement ne désavoue quelqu'une des mesures qu'une fois il a prises, qu'aux dépens de son propre crédit ; pour qu'un gouvernement ait la confiance des peuples, le trésor pour lui le plus précieux et source de toute sa force, il faut que ses déterminations participent en quelque sorte de l'infaillibilité et de la sagesse de la Divinité ; et, les puissances suprêmes des états devant toujours agir d'après une entière connaissance de cause et un préalable examen approfondi des démarches qu'elles font *, si par malheur elles se trompent, le monde n'est pas disposé à leur pardonner si facilement qu'à un individu, et cela par la raison toute simple que leurs méprises étant presque toujours de très grande conséquence pour les peuples (pour qui un bon ou mauvais régime n'est pas un jeu d'enfans), les cabinets ont le devoir de bien peser les résolutions avant que de les prendre.

Mais que des individus qui veulent passer pour des gens raisonnables, insistent toujours en soutenant une

---

* *Omnes qui magnarum rerum consilia suscipiunt, æstimare debent, an quod inchoatur reipublicæ utile, ipsis gloriosum... aut certe non arduum sit.*

Tacit., Histor., lib. ii.

fausseté, sans daigner faire attention aux raisonnemens invincibles qui prouvent le contraire; voilà une chose qui dénote ou la plus grande sottise ou la mauvaise foi la plus effrontée.

A entendre la plupart des journaux de Londres et de Paris, on croira que les droits de don Pèdre au trône portugais, sont clairs et incontestables; puisque ces journaux insistent toujours avec la plus *intrépide* assurance, en appelant l'empereur du Brésil *roi légitime* de Portugal; dès le commencement ils ont toujours dit la même chose : *don Pèdre est roi légitime, est roi légitime, est roi légitime;* et cela, dit à l'infini, est tout l'appui de leur opinion; mais je crois que cette simple répétition d'une fausseté ne fait pas plus de preuve de la prétendue légitimité de don Pèdre, que n'en ferait contre les droits de S. M. Charles X, une pareille assertion à l'égard du trône de France, si ces messieurs s'obstinaient, par exemple, à dire éternellement *que la couronne de France appartenait de toute légitimité à l'empereur du Mono-motapa.*

Messieurs les journalistes font des preuves qui peuvent bien (avec leur permission) être comparées aux tonneaux des Danaïdes qui, malgré des fatigues sans fin, restent toujours vides. Quelles réponses a-t-on données aux argumens développés dans un ouvrage intitulé : *Examen de la Constitution de don Pèdre et des droits de don Miguel?* (Paris, 1827.) — Quelle contestation a-t-on faite aux preuves de la légitimité des droits de don Miguel, exposées dans une brochure imprimée à Paris depuis un mois, avec le titre : *Don Miguel et ses droits?* — Comment a-t-on réfuté les argumens que mon petit individu même a proposés depuis peu de semaincs aux contradicteurs des droits de don Miguel, dans une petite brochure : *Moi, je ne suis pas un rebelle, ou la question du Portugal dans toute sa simplicité,* — où je les défiais de *pulvériser* mes preuves de toute la force de leur *convaincante* logique ? Ces messieurs ont trop de *crédit* pour qu'il ne faille pas les croire sur leur parole, et voilà pourquoi ils se dispensent toujours de donner des preuves de leurs assertions !.... Mais aussi sont-ils convaincus que pour leurs lecteurs les plus dévots, capables d'avaler des pilules aussi grosses qu'un boulet de quarante-huit, pourvu qu'on les leur offre enveloppées de feuilles du *Constitutionnel* ou du *Courrier Français*, il ne faut pas se fatiguer en des preuves *inutiles*, la foi aveugle desdits lecteurs y suppléant parfaitement (3).

Il faut voir comme les journalistes, pour tromper leurs *bons* lecteurs, ne craignent pas de faire complices les souverains et les gouvernemens des crimes imaginaires qu'ils attribuent aux victimes de leurs calomnies; tous les jours ils répètent *que le marquis de Chaves va arriver à Villa-Viçosa*; une autre fois ils le placent déjà en Portugal commandant les royalistes portugais qui s'étaient réfugiés en Espagne; et ils ne font pas attention que c'est insulter en même temps les gouvernemens français et espagnol. Puisque le marquis de Chaves étant à Bayonne sous la surveillance du gouvernement français, il ne peut pas quitter la France sans le consentement ou la négligence du même gouvernement; dans le premier cas, ce serait le gouvernement français qui voudrait renverser en Portugal la *charte brésilienne ;* dans le second, ils accuseraient le gouvernement de S. M. T. C. de ne pas mettre la diligence

nécessaire à tenir les promesses qu'il a faites, et à observer ses propres stipulations. Et le gouvernement espagnol ayant promis à l'Europe * de faire garder les royalistes portugais à 60 lieues de la frontière de Portugal,
d'après lesdits journaux, il aurait déjà manqué à sa
parole ! Peu s'en faut même que l'on ne nomme ministre
d'état en exercice à Lisbonne le *vicomte de Canellas*,
oncle du *marquis de Chaves*; et cependant si messieurs
les journalistes et leurs crédules lecteurs (à Paris) voulaient se donner la peine de prendre quelques informa-
tions, ils pourraient s'assurer que ledit vicomte habite la
capitale de France avec défense d'approcher de cent
lieues de la frontière d'Espagne.

2°.

Nous ferons à présent quelques petites réflexions sur
une chose dont tous les ennemis de don Miguel et du
Portugal font un tapage épouvantable, et qui ne laisse
pas d'être aussi de quelque force auprès de certains politiques (4); cependant c'est un article sur lequel il serait
de l'intérêt de la politique de garder le silence, afin
qu'on ne se récriât pas encore une fois contre l'injustice
des mesures que certains cabinets ont prises à cet égard.
Mais, puisqu'on s'appuie contre don Miguel du résultat
d'une des machinations les plus honteuses de la politique
d'aujourd'hui, il faut bien présenter la chose dans son vrai
jour.

Partout où le libéralisme a une voix, on crie au *par-*

* Par note circulaire du 28 novembre 1826, adressée par le ministre des affaires étrangères de S. M. C., *don Manuel Salmon*, à
tous les représentans des puissances de l'Europe, accrédités auprès
de la cour de Madrid.

jure contre don Miguel; on dit hautement « *qu'il a manqué aux promesses faites à Vienne, à Paris, et à Londres particulièrement.* » Sans vouloir maintenant rappeler à l'*ultra-libéralisme* combien de fois il a manqué à ses sermens faits bien spontanément et bien librement (5), je lui ferai cependant une question : si par un hasard, S. M. Louis XVIII fût tombé, par une trahison perfide, entre les mains des ennemis de la France, et que ceux-ci eussent exigé de lui la promesse d'abroger la loi salique, ou bien de détruire la Charte qu'il a donnée à la France, serait-il tenu d'accomplir cette promesse quand il reviendrait dans son royaume ?... Ou plutôt, pourrait-il faire valablement une telle promesse contre la constitution de la nation française ? Et quand il aurait fait la même promesse, la nation française serait-elle obligée de se soumettre à l'accomplissement d'une parole extorquée par la trahison et par l'injustice ? Ce serait une bonne manière de justifier toute espèce d'usurpation que de forcer quelqu'un à promettre une chose défendue pour l'engager après par les liens de sa promesse ! Supposons que je fusse ou me feignisse l'ami de M. le rédacteur du *Constitutionnel*, que (en lui observant qu'il pouvait se donner un moment de repos dans ses fatigues, pendant que le *Courrier Français* restait en guet pour veiller sur les libertés de ce monde et de l'autre) je l'invitasse à venir chez moi, et que, quand je l'y aurais attrapé, je le menaçasse de ne le laisser jamais retourner dans son bureau, s'il ne me promettait pas d'attaquer dorénavant et de tâcher de détruire ce qu'il appelle *les libertés de la France ;* hé bien ! M. le rédacteur tiendrait-il parole ?

Après que don Miguel arriva à Vienne, invité amicalement à demeurer auprès de l'empereur son oncle, et principalement après qu'on y a su la nouvelle de la mort de son père (Jean VI), il y a été dans un plein isolement de tout ce qui pouvait lui donner des notions sur ses propres droits et sur ceux de la nation portugaise ; on l'y a retenu plutôt comme un prisonnier d'état que comme un prince ami, qui n'avait offensé l'Autriche en rien ; M. le prince de Meternich fit passer des ordres positifs à tous les ministres d'Autriche dans toutes les cours de l'Europe, afin qu'aucun d'eux ne visât pas le passeport d'aucun Portugais pour aller à Vienne, de crainte qu'on pût dire au prince don Miguel, quelque chose de ce que la nation portugaise avait le droit d'attendre de lui. Quand enfin des circonstances politiques ont presque forcé les cabinets à permettre que don Miguel fût rendu au Portugal, on obligea encore le prince à prendre la route de Londres pour se rendre à Lisbonne ; et pour qu'on ne pût pas, pendant son voyage, lui parler de ses droits, ni de ses devoirs, on employa tous les moyens possibles pour ne pas laisser approcher de lui aucun de ses amis, aucun honnête Portugais, de qui on pût craindre qu'il parlât au prince avec énergie et dévouement. Moi-même, j'en suis la preuve ; puisque, aussitôt qu'on sut à Paris que don Miguel devait quitter Vienne et traverser la France, malgré une maladie dangereuse qui me retenait au lit, on me fit envoyer à soixante lieues de la route que mon prince devait suivre, et cela avec tant de cérémonies et tant de précautions, que si de mon voyage à la Touraine (6) eût dépendu le salut de toute l'Europe* ! Tant on craignait que quelqu'un pût rappeler à don Miguel ce que la nation portugaise avait le droit d'exiger de lui.

* Voir *la Quotidienne* des 17 novembre et 12 décembre 1827.

En Angleterre (si ce que disent les journaux est vrai)
on a voulu extorquer encore au prince portugais des promesses de s'opposer aux vœux de sa patrie et aux déterminations de la constitution de l'état, en cas que la nation voulût réclamer ses droits après l'arrivée de l'Infant
à Lisbonne, où la légitimité l'appelait à occuper le trône
de son père. Quand il est en Portugal, don Miguel se
soumet encore à ce qu'on a exigé de lui, il se montre
disposé à résigner les droits incontestables qu'il a au
trône portugais, si la nation le veut; ayant la générosité
de s'exposer à perdre une couronne qu'il savait lui appartenir, pour ne pas contrarier le vœu de son peuple, en
cas que celui-ci eût voulu renoncer aussi de sa part au
droit qu'il a d'avoir pour son roi don Miguel Ier. et nulle
autre personne. Don Miguel, en liberté à Lisbonne, oppose un désintéressement sans exemple aux suggestions
ambitieuses de ses oppresseurs à Vienne et à Londres;
il ne se montre pas même aux fenêtres du palais pour
recevoir les acclamations et jouir de l'enthousiasme de
son peuple, il se montre à peine en public *, il ne veut
pas qu'on dise qu'il désire capter par sa présence les voix
du peuple en sa faveur.

D'un autre côté, après avoir pris la régence, il enjoint,
par des décrets et circulaires aux magistrats et autorités
du royaume, le maintien du même bon ordre, et de
n'épargner aucune diligence pour que la tranquillité publique ne soit pas troublée; mais il leur défend aussi
d'empêcher, de quelque manière que ce soit, l'expression
du vœu public, en tout ce qui ne sera pas contraire à la

---

* Voir tous les journaux qui ont donné compte des premiers jours
de l'arrivée de don Miguel à Lisbonne.

conservation de la paix et de la régularité *, parce qu'il veut qu'on laisse la nation en pleine liberté de manifester son opinion, son vœu, son désir au sujet de ses droits. La nation commence enfin à se montrer attachée à sa vraie constitution, au maintien de ses prérogatives et de la véritable légitimité; malgré cela, le prince reste tranquille; il n'accepte pas ce que toute la nation lui offre, la loi fondamentale à la main; il continue d'agir en régent, quand il pouvait agir en roi.

Et que font dans ce cas les journaux et leurs fanatiques adorateurs, qui voudraient voir le prince en Portugal fait, comme eux, le missionnaire de la Charte et d'un système de servitude déshonorant pour la nation, et seulement à l'avantage des *sans-culottes* portugais et de leurs confrères?... Ils déclarent tout de suite le prince un *parjure*, un *criminel*, et enfin ils se déchaînent dans les calomnies les plus effrontées, les injures les plus indécentes contre don Miguel, contre sa mère et contre tous les bons Portugais! D'après les principes de ces messieurs, si en Angleterre on eût exigé de don Miguel la promesse de faire égorger, quand il serait en Portugal, la moitié de la nation portugaise, il serait obligé de tenir parole, pourvu cependant que dans ce nombre il n'entrât aucun des partisans du libéralisme, qui soutient, comme la sienne, la cause de don Pèdre, c'est-à-dire de l'usurpation!

Combien une telle doctrine ne serait-elle commode, si la religion, la morale et la législation ne se fussent pas avisées d'envisager la chose tout autrement! (7) Quel-

* Voir les décrets adressés à l'intendant-général de la police, afin qu'il les communiquât aux autres autorités à qui appartient l'exécution des mêmes décrets. Tous les journaux ont transcrit de la *Gazette officielle de Lisbonne* ces mêmes décrets.

qu'un ferait, par exemple, un beau jour le serment de faire sauter la cervelle à quelque journaliste qui dirait des sottises, et il pourrait se croire d'autant plus obligé à remplir son serment, qu'il pouvait ne pas l'avoir fait comme les journaux disent que D. Miguel a fait ses promesses à Vienne et à Londres, c'est-à-dire, en contrainte, mais en pleine liberté! Cependant, quand on a encore assez *d'imbécilité* et de *préjugés* pour ne croire valables que les promesses licites, on ne va pas promettre (voir la *Gazette de France* d'avant-hier, 15 avril, article *Aveiro*) d'assassiner des professeurs et des ecclésiastiques désarmés parce qu'on les soupçonne de penser différemment que soi (8); on se contente, comme nous, de proposer ses raisons et d'inviter les contradicteurs à les combattre loyalement.

Les ennemis de D. Miguel, de ma patrie et de tout ordre légitime qui ne reçut pas le cachet de la révolution, ces messieurs qui s'extasient si souvent en contemplant, vantant, exagérant même *les droits des peuples et des nations,* comment se fait-il que dans la présente circonstance ils comptent pour rien la nation portugaise?... *Les rois*, dans leur bouche, *ne sont rien en regard du peuple et de la nation, c'est de ceux-ci que proviennent aux rois tous les pouvoirs;* voilà des principes qu'aucun libéral ne saura désavouer; mais, s'agit-il de D. Miguel, encore infant exilé, sans avoir encore la régence, encore sans aucune puissance en Portugal, mais à Vienne, à Paris, à Londres, entre les mains d'étrangers, gêné, gardé à vue, privé de pouvoir communiquer avec aucun portugais fidèle?... D'après l'opinion des journaux et des gobe-mouches qui les lisent sans réflexion, c'est alors que D. Miguel peut tout promettre, tout stipuler au sujet de

la nation portugaise et aux dépens des droits de celle-ci,
peut, s'il le veut, la vendre, la donner, la troquer; la
nation, le peuple portugais alors n'est qu'un troupeau,
qu'une propriété passive qui n'a pas le droit de s'opposer
à rien de ce que D. Miguel aurait eu la fantaisie d'ordonner d'elle en faveur de D. Pèdre, de l'Angleterre,
du Dey d'Alger, *du Times* ou *du Courier anglais*?...
En vérité, je ne sais pas si l'empereur de Maroc pourrait
penser, au sujet de ses esclaves, plus despotiquement que
messieurs les journalistes ne pensent à l'égard de la nation portugaise? Que je suis fâché de ce qu'à son passage
par Paris D. Miguel n'ait pas aussi disposé, en faveur du
Constitutionnel ou *du Courrier français*, de quelques
provinces du Portugal en plein fief, domaine et hérédité;
je suis persuadé qu'alors ils tiendraient encore davantage
à ce que D. Miguel tînt à honneur de remplir ses promesses !..... Quelle conséquence et quelle bonne foi que
celle de l'esprit de parti !!!

Pour ne rien oublier qui puisse indisposer l'Europe
contre D. Miguel et contre la majorité ou presque to-
talité de la nation portugaise, on traite celle-ci, dans les
journaux, de l'*honorable* nom de *canaille*; on veut faire
croire que D. Miguel, et sa mère principalement, sont
altérés du sang des *braves gens* qui ont vendu leur patrie au Brésil et à l'Angleterre sans la moindre façon !
A entendre certains journaux, D. Miguel, la Reine et les
royalistes portugais ne respirent que le carnage et la vengeance; voyons combien il y a de vérité dans toutes ces
imputations.

Les journaux veulent persuader à leurs dupes que c'est
une petite partie de la *populace* et de la *canaille* qui récla-
me les droits de la nation portugaise et crie *vive D. Mi-*

guel! roi d'après la constitution nationale! Meure la charte exotique, imposée par la fraude et soutenue par l'oppression! Il faut cependant que cette *canaille* soit bien formidable, puisque, *toute la nation et toute l'armée voulant* (d'après les journaux) *la charte brésilienne*, on n'ose pas, malgré cela, empêcher ladite *canaille* de crier par tout le royaume *vive D. Miguel* Ier. ! puisqu'on n'empêche pas tant de municipalités (*devenues canaille*) de faire des actes par lesquels elles déclarent D. Miguel ROI LÉGITIME DU PORTUGAL d'après les lois fondamentales du royaume : le fait est que ces municipalités, toute cette *canaille*, qui fait les 99 centièmes de la nation portugaise, ayant la mauvaise habitude de donner aux mots leur sens naturel, n'entend par *roi légitime* que celui à qui les lois de l'état défèrent la couronne !

Comment se fait-il donc que toute cette *grandissime majorité constitutionnelle* (qui *existe* en Portugal, *puisque les journaux l'assurent*), comment se fait-il, dis-je, qu'elle n'ose pas s'opposer aux mesures que le gouvernement prend à chaque moment, aussi désagréables aux partisans de la charte *métisse* (9) qu'aux journaux démagogiques de Londres et de Paris ? Cette *majorité, composée* (voir lesdits journaux, dans les articles qui traitent du Portugal) *de la partie la plus éclairée du peuple portugais*, qui, au mois de juillet 1827, réclamait contre les mesures prises par la régente, que ne réclame-t-elle à présent contre celles prises par le régent ? Cette majorité qui, les nuits des 28 et 29 du même mois de juillet, des flambeaux à la main (pour ne pas démentir *le Constitutionnel* et *le Courier* qui l'appellent *majorité éclairée*), parcourait les rues de Lisbonne *en exerçant le droit de pétition* par des vociférations de *vive Saldanha!* rendez-

nous notre Saldanha! vive la république! vive le premier consul! que n'a-t-elle à présent une demi-voix pour réclamer contre la dissolution des chambres, par exemple? Je crois que deux assemblées législatives valaient bien un Saldanha, comme je crois que la régente n'avait pas moins le droit de destituer un ministre que D. Miguel n'a celui de dissoudre les chambres!

Avouez donc, messieurs les journalistes, que cette *majorité constitutionnelle*, dont vous faites tant de bruit, n'existe que dans vos trompeuses colonnes et dans les lettres mensongères de vos correspondans; avouez que la nation, à quelques douzaines de sots et quelques centaines de dupes près, ne désire autre chose que le rétablissement de ses droits, fondés sur la sainteté du pacte national, l'unique inviolable, auguste et respectable, et usurpés à présent par la faction, aussi misérable que ridicule, qui vous compte au nombre de ses protecteurs les plus *précieux.*

Heureusement les journaux sont, pour ceux qui les lisent avec un peu de réflexion, comme cet arbre qui croît, je ne me rappelle pas à quelle île des Indes orientales, qui produit le poison d'un côté et le contre-poison de l'autre; puisque, aux contradictions et aux absurdités qu'on trouve dans ces feuilles, on peut mesurer le crédit que méritent presque toutes leurs assertions. Il y a quelques jours que, d'après un journal, le marquis de Chaves entrait en Portugal et, à la tête des royalistes, arrivait à la province de l'*Alentejo*. Les autres journaux de la même couleur s'empressèrent de communiquer au monde cet événement, et ils avaient raison, car il est merveilleux, sans doute, qu'un homme ait fait un saut par-dessus l'Espagne, sans y toucher, comme il fallait faire audit marquis , se trouvant à Bayonne , et lui étant défendu de toucher le territoire espagnol, sous peine d'être arrêté et renvoyé en France ; or, comme il ne pouvait pas aller par mer jusqu'à l'endroit où les journaux le mirent tout-à-coup, il fallait bien qu'il eût été à travers les airs. Par le même enchantement, le voilà , ledit marquis , *revenu* à Bayonne (puisque les mêmes journaux l'y annoncent), jusqu'à ce que le gouvernement français ait demandé à l'Espagne la permission de laisser le général royaliste traverser le territoire espagnol, ou à Neptune celle de tourner le cap Finistère !

Un de ces jours, le *Jules et Julie* (navire venant de Lisbonne) était arrivé au Hâvre, portant à son bord quarante-sept Portugais qui fuyaient les *proscriptions* de Lisbonne; deux jours après on réduisait déjà à vingt-deux les quarante-sept, et encore; de ces vingt-deux, neuf seulement avaient déserté le Portugal en conséquence de leurs *amusemens politiques*. Les troupes anglaises quittent-elles le Portugal en laissant la nation à son aise ?... L'effet salutaire de cette évacuation se fait-il sentir à Londres même , et les fonds portugais haussent-ils tout-à-coup de 2 pour cent ?... Il faut donner à ce fait, puisqu'on ne peut le nier , une tournure constitutionnelle : voilà donc qu'on plaint don Miguel , *abandonné par les troupes anglaises, à la discretion des libéraux en Portugal, et privé de la* bienheureuse *protection qu'il avait dans l'armée de Clinton !...* C'est-à-dire , les journaux expliquent d'une manière *très ingénieuse* ce phénomène de bourse; la voici : « C'est à l'*encouragement* que les libéraux portugais ont reçu par cet abandon des *habits rouges* (qui, comme on le sait, ne sont venus à Lisbonne que pour protéger les droits de don Miguel !) qu'on doit ladite hausse de 2 pour cent *. » Cette *subtile* explication est en effet si bien trouvée que, si nous ne savions pas que la manière libérale de discourir est la même pour tous les partisans de l'*indépendance du Portugal sous le joug du Brésil et de l'Angleterre*, nous serions tentés de croire qu'une solution si *fine* aurait été communiquée à quelque journal anglais par l'ambassadeur de Portugal à Londres, M. le marquis de Palmella; puisque nous trouvons dans cette explication une frappante analogie avec la note que son excellence passa à feu M. Canning, le 2 décembre 1826, en lui demandant une armée d'occupation, qui vînt donner au peuple portugais la liberté des baïonnettes. Nous aurons encore l'honneur de nous occuper de cette note, chef-d'œuvre de politique et de patriotisme; elle est trop *précieuse* pour rester ignorée dans deux numéros de l'*Étoile* de Paris (des 12 et 13 janvier 1827).

De quelque source cependant que vienne l'explication susmentionnée (de la hausse des fonds portugais), elle fait honneur à son auteur, et cet honneur rejaillit aussi sur tous ceux qui y ajouteront foi; quant aux journaux français, nous les remercions de nous avoir reproduit un trait si profond de perspicacité politique, et laissons ces hérétiques qui n'ajoutent pas aux dires des journaux une foi implicite et explicite, s'écrier, dans leur incrédulité, au sujet de ladite explication : « Peut-on se moquer et abuser du sens commun des hommes avec une plus grande effronterie ? !! »

Ce serait à ne jamais finir, si on voulait rapporter la

* Qui voudra se convaincre que ce n'est pas une fable que nous inventons, n'a qu'à lire, dans les journaux de Paris de la semaine passée, les articles de Londres. (Aujourd'hui c'est dimanche 20 avril 1828.)

moitié de semblables traits de *justice*, *de sincérité et de bonne foi*, qu'on lit tous les jours dans le *Times*, le *Courier anglais*, le *Sun*, le *Constitutionnel*, le *Courrier français*, le *Journal des Débats*, la *Gazette de France* et même le *Messager des Chambres*, qui, dans son âge enfantin, a été extrêmement précoce à parler le langage de ses frères et à déraisonner aussi bien qu'eux à l'égard du Portugal.

Quels éloges lesdits journaux n'ont-ils pas prodigués à l'un des *dignes* pairs du royaume (de Portugal), qui, le 7 mars, après avoir débité une bonne tirade de sottises, et avoir établi une comparaison tout-a-fait frappante entre lui-même et le cheval de Caligula, se disait, au milieu de la Chambre, prêt à mourir à la place qu'il y occupait (*si fractus illabatur orbis, impavidum ferient ruinæ!...*), mais qui, le 8 du même mois, prenait une autre *place* dans le paquebot anglais, trouvant plus prudent d'aller défendre en Angleterre les droits de l'usurpation, que de continuer d'insulter la nation portugaise au milieu de Lisbonne, et d'attirer, sur ce qu'on appelait la *chambre des pairs*, la même considération dont jouit à bon droit l'*hospital de São-Jozé* * ? Les assemblées, filles de la révolution, ont, à ce qu'il semble, en Portugal, le privilége de finir toujours, par rapport à quelques-uns de leurs membres, d'une manière comique (10) !

Malgré, cependant, le langage du susdit pair, dans son discours du 7 mars, il aurait très bien pu, sans danger, rester à Lisbonne; puisqu'on ne fait guère (par de certaines raisons) plus de cas de ses discours à la ci-devant

---

* C'est le Charenton de Lisbonne.

chambre des pairs que de ses charades dans les salons; et son *discours-bravade*, du 7 mars, étant plutôt regardé comme une des étourderies de son excellence que comme quelque chose digne d'attention. Au reste, nous sommes persuadés que la plupart de ceux qui aujourd'hui quittent le Portugal, le font plutôt pour se donner un peu d'importance, que par une crainte réelle, et que c'est plutôt la honte des sottises qu'ils ont vociférées, que le péril de leurs personnes, qui les fait s'écarter de la vue de leurs concitoyens; ou, pour me servir de l'expression d'un journal de Lisbonne (*A Estrella lusitana*, l'Étoile lusitanienne), « qui les fait régaler le Portugal de leur absence. » Nous pourrions bien divulguer des motifs qui doivent en avoir porté quelques-uns à se sauver du Portugal, motifs qui n'ont rien de commun avec la politique; mais nous ne nous attachons pas à la conduite particulière des individus; ce n'est que ce qui peut avoir rapport au bien ou au mal général de notre patrie qui peut faire l'objet de nos censures.

Nous sommes persuadés que don Miguel et sa mère n'ont aucune intention de poursuivre les personnes pour leurs opinions passées, pourvu que dorénavant elles sachent mieux regarder les intérêts, l'honneur et la dignité de leur patrie, qu'elles ne l'ont fait en la donnant, contre les lois de l'état, à un souverain étranger, et la soumettant à l'occupation d'une armée plus étrangère encore *.

---

* Qui aura des doutes sur *l'extranéité* de l'empereur du Brésil à l'égard du Portugal, peut consulter une brochure intitulée : Moi, *je ne suis pas un rebelle*, ou *la Question du Portugal dans toute sa simplicité*; dans le cas qu'après sa lecture on ait encore des scrupules de conscience sur ladite *extranéité politique*, et qu'on ait des objections à opposer aux assertions qui s'y rapportent,

En effet, quels indices a-t-il donnés, don Miguel, de ces *persécutions* que les journaux de mauvais augure prédisent partout?... A les entendre, M. Lamb n'avait déjà chez lui assez de place pour tant de monde qui s'y était réfugié; le vieux Clinton pouvait moins se remuer dans son logis, à Lisbonne, au milieu de la foule de tant de pairs, députés, généraux, tachigraphes, réfugiés chez lui, qu'il ne pourrait le faire sur un campement dans sa barraque, quand tous ses aides-de-camp et la moitié des officiers de son armée s'y fussent abrités d'un orage; l'amiral britannique, au milieu du Tage, ne fut plus à couvert dans ses vaisseaux de cette inondation de réfugiés; tout était plein de cette plaie, la chambre, le tillac, les ponts, jusqu'au fond-de-cale; on ne le laissa plus *fumer tranquillement sa pipe* (expression des journaux), qu'on lui jeta même trois fois par terre, au son d'une grêle de *god dems* qu'il murmurait au milieu de la presse!... Voilà comme, d'après les journaux, on croirait que tout le monde quittait Lisbonne et le royaume. Cependant, si on va lire la *Gazette* du gouvernement de Lisbonne, on trouve, dans la partie officielle de la même feuille, des permissions concédées très tranquillement pour voyager ou sortir du royaume temporairement, à tous ces Messieurs que les journaux disaient avoir été poursuivis et avoir pris la fuite comme un forçat qui réussit à briser sa chaîne !

Mais le pronostic de ces persécutions est peut-être fondé sur ce que le prince a changé les chefs et les officiers

messieurs les incrédules pourront laisser leurs objections par écrit, à la librairie où se trouve cette Brochure (Delaforest, place de la Bourse, rue des Filles-St-Thomas, nº. 7), avec la certitude que le même auteur y répondra volontiers et *gratis*.

des différens corps de l'armée?... Eh bien ! dans cette démarche il n'a fait que justice. Qu'on se souvienne de ce qu'ont fait les révolutionnaires en 1826, aussitôt après l'arrivée de la *Charte brésilienne*; ils ont, sans d'autres égards, destitué tous les officiers de l'armée qu'ils [ont voulu, en ont exilé quelques-uns, en ont emprisonné d'autres, et cela sans autre motif qu'ils ne les croyaient pas dévoués à la cause de l'intrigue et de la révolution. Presque tous les officiers du 7e. bataillon de chasseurs (un ou deux exceptés seulement) ont été mis hors de service et envoyés à la forteresse de *Cascaes*, près de l'embouchure du Tage, sans qu'on leur donnât aucun motif de cette destitution; et cependant c'étaient de braves militaires aimant leur patrie et leur prince : cette injustice, au lieu de produire l'effet que les révolutionnaires désiraient, fit qu'à peine ce même bataillon, auquel on avait imposé les officiers les plus libéraux, arriva en *Tras-dos montes*, envoyé pour opprimer constitutionnellement les peuples des environs de *Villa-Real*, il prit la résolution de passer en Espagne, en disant à tous les officiers: qu'il ne consentirait pas qu'aucun d'eux le suivît; et en effet ce bataillon émigra en Galice, et y entra commandé par le sergent de brigade. C'est sans doute un exemple peu profitable pour la discipline militaire; mais il est excusable et, j'ose le dire, digne d'éloge, si l'on pèse bien toutes les circonstances où ledit bataillon se trouvait : on voulait l'employer contre la patrie et en faveur d'un parti qui lui avait donné tout récemment une preuve dégradante de méfiance, en destituant de bons officiers et les remplaçant par de mauvais, comme pour mettre un frein aux soldats; les soldats ont senti cette fois qu'ils avaient la force physique, et que, pour qu'elle obéît à la force morale des commandans, il ne fallait pas qu'ils en abusassent en les forçant à servir une cause si clairement injuste; ils ont prouvé que la force morale des gouvernans n'est que dans la confiance des gouvernés.

Dans tous les autres régimens et bataillons du royaume, les révolutionnaires avaient de même changé les commandans, les officiers, en les remplaçant par d'autres dévoués à la cause de l'usurpation. Eh bien! cela était juste, était bien fait; mais quand don Miguel aujourd'hui veut redresser ces torts et ces injustices, *« il fait mal, il est parjure, il fait des persécutions !* » Nous tirons une conséquence très certaine de tout ceci : c'est que rien n'est juste aux yeux desdits journaux, que ce qui peut favoriser le désordre, la révolution, l'usurpation !... Mais, qu'ils ne se fâchent pas si don Miguel et le peuple portugais entendent la chose tout autrement !

Ingratitudes de don Miguel ; menaces terribles du Sun *anglais à ce prince , et d'autres choses que verra celui qui lira.*

On voit, dans le *Courrier français* du 8 avril , un article où ce journal se plaît à répéter une tirade du *Sun*, qu'un peu de mauvaise humeur, et peut-être quelques bouteilles de *Porto* un peu trop chargé d'eau-de-vie, ont inspirée au journaliste anglais; dans sa colère, le journal prononce un arrêt contre don Miguel, un peu contradictoire à la régularité des formes constitutionnelles : d'après lui, le prince « aurait dû être , sur-le-champ, » déclaré traître à son souverain et renvoyé de nouveau » en exil à Vienne, ou plutôt envoyé, chargé de chaînes, » au Brésil, pour y être traité comme traître envers son » souverain légitime *. »

L'équité des formes constitutionnelles aurait bien exigé que le *Sun* instruisît le procès au prince, avant que de le condamner si impitoyablement; il faudrait du moins que M. le *Sun* expliquât premièrement ce qu'il entend par l'expression *souverain légitime*, afin que nous puissions savoir qui était ce souverain envers lequel don Miguel a (d'après *le Sun*) été traître, puisque, en examinant les lois du Portugal, nous n'y trouvons pas autre

---

* D. Miguel et nous partisans de ses droits, nous devons savoir gré au *Sun* de ce désir de voir envoyer ledit prince au Brésil, *pour y être traité comme traître envers son souverain légitime;* en effet le *Sun* aurait pu envoyer don Miguel à quelque autre pays où on traitât plus mal qu'au Brésil ceux qui se soulèvent contre leur souverain légitime. Nous remercions le *Sun* pour tant de bonté; mais nous sommes persuadés que don Miguel n'a pas envie *d'être fait empereur (punition qu'on donne, au Brésil, à ceux qui commettent le crime dont le* Sun *accuse don Miguel)*.

personne qui puisse être *souverain légitime* de Portugal, que don Miguel lui-même... Cela nous met dans un terrible embarras; nous n'aimons pas certainement les traîtres, c'est pour cela que nous conservons encore un certain dépit contre un souverain nouveau du Nouveau-Monde, qui se souleva traîtreusement contre son père et souverain, et contre son ancienne patrie *; et cependant nous étions portés à aimer don Miguel; mais s'il a été traître, *nous lui retirons notre affection*, et nous demandons pardon au *Sun* et au *Courrier français* de notre erreur.

Toutefois nous désirons connaître la personne *souveraine légitime* envers qui don Miguel a été traître, afin que nous puissions lui présenter nos hommages et nos soumissions comme bons Portugais!...D'après les expressions du *Sun*, nous serions tentés de croire que ce souverain *si légitime* est le roi d'Angleterre; *le Sun* nous dit de don Miguel : « Sa conduite récente en Angleterre et ses » actes postérieurs en Portugal sont opposés comme le » jour et la nuit...» Est-ce que don Miguel devait, sous le beau ciel de Lisbonne, garder, à l'entrée du printemps, les mêmes habitudes que sous les brouillards de Londres au milieu de l'hiver?... Au reste, le journaliste semble ne pas avoir fait attention que le prince n'a fait qu'obéir au proverbe, assez sage et prudent : *Ro-*

---

* Nous ne savons pas à qui se rapportent les expressions de l'auteur « *un souverain nouveau*, etc. » Cependant, nous trouvons à son manuscrit une note marginale, qui porte: « que le fait du soulèvement dont on parle est arrivé vers la vingt-unième année du cinquante-neuvième siècle de la création du monde (*suivant la chronologie d'Usserius*). »

(Note de l'Éditeur.)

nam si fueris, romano vivito more. (n'allez pas contrarier les mœurs et les coutumes des peuples!)... Mais,
il n'y a pas de doute ; les dernières expressions du
Sun éclairent enfin le mystère : « La seule chose, dit-il,
» qui doive étonner, est que notre gouvernement, (le
» gouvernement anglais) puisse tolérer une conduite
» aussi abominable après tous les sacrifices qu'il a faits
» pour soutenir le système constitutionnel. Au reste, si
» don Miguel persiste à suivre la carrière dans laquelle
» il est entré, nous sommes assurés qu'il ne tardera pas
» à recevoir la récompense de sa perfidie. » *Signé*
SUN. — (11)

Nous voyons enfin que c'est l'Angleterre qui doit punir
la *trahison* de don Miguel, et, par conséquent, c'est
envers l'Angleterre que don Miguel commit le crime de
haute trahison (si ce n'est cependant que l'Angleterre
veuille faire le don Quichotte, et se présenter, comme ce
brave chevalier, pour soutenir partout la cause du libéralisme et redresser les griefs de celui-ci *).

Nous ne pouvons pas cependant nous dispenser d'ad-
mirer la haute politique du *Sun*, puisqu'à l'imitation
des Romains qui, pour ne pas exciter tant de résis-
tances, conservaient aux peuples conquis les articles de
leur législation qui ne s'opposaient pas aux intérêts de
Rome, il veut punir don Miguel d'après les anciennes
lois du Portugal. « Don Miguel devrait être envoyé au

---

* Nous sommes bien persuadés que le duc de Wellington et le gouvernement anglais d'aujourd'hui diffèrent un peu du *Sun* en opinion à cet égard, et que l'Angleterre ne viendra pas, pour complaire
au *Sun* et au *Courrier français*, faire en Portugal le *chevalier de
la triste figure*, à moins qu'elle ne commette cette *aventure* aux
mânes de M. Canning.

» Brésil, chargé de chaînes..» Oui, *le Sun* sait que, d'après la législation portugaise, le Brésil était un lieu d'exil pour les criminels, et qu'à chaque pas dans le Code pénal du Portugal (*Ordenaçáo do Reino, liv. V, passim*) on trouve : *Qui commettra tel ou tel forfait, sera envoyé au Brésil, exilé pendant cinq, dix, vingt ans ou pendant toute la vie.* — Les pères ou les aïeuls de la plupart des citoyens du *noble* empire brésilien en pourraient faire foi devant tout le monde; et cette seule circonstance suffirait pour que les Portugais dussent désirer d'être aujourd'hui une colonie du Brésil, si, *par malheur*, des lois nées avec le Portugal même ne s'y opposaient pas !

Mais, considérons enfin un crime plus *horrible*, un crime que personne ne pourra pardonner à *don Miguel et à son implacable mère* : « Il est impossible (dit *le Sun*, » avec une profonde indignation) de montrer plus d'in-» gratitude que n'en ont montré don Miguel et son » implacable mère. »

Oui, M. *le Sun*; oui, M. *le Courrier*; il est impossible de montrer plus d'*ingratitude* que don Miguel et son auguste mère n'en ont montré pour vous, Messieurs, et pour tout le parti libéral, qui les ont toujours traités avec tant d'égards, comme le prouvent maintenant même vos expressions *ménagées !* Oui, il est impossible de montrer plus d'*ingratitude* que don Miguel n'en a montré envers ceux à qui, comme bon chrétien, il devait encore offrir la joue gauche pour recevoir de nouveau le bienfait d'une grêle de soufflets.

Oui ! oh bon Dieu ! quels bienfaits que ceux que don Miguel ose méconnaître ! On l'a envoyé en exil dans des pays étrangers; on l'y a retenu en surveillance ou plutôt en prison, sans la permission de voir aucun Portugais, de pouvoir parler, à quelque personne que ce fût, de ses droits, de sa famille, de sa patrie, privé de pouvoir écrire en liberté à sa mère, à ses sœurs, à ses amis * : on lui refuse, après la mort de son père, la permission de se rendre en Portugal; on offre, on donne à don Pèdre, on le pousse même à usurper la couronne du Portugal, qui, d'après les lois fondamentales de ce royaume, appartenait à don Miguel (et que personne n'osera me soutenir, en raisonnant, ne pas lui appartenir légitimement). Quand enfin la nécessité oblige à le laisser aller en Portugal, on veut lui extorquer des promesses contraires à ses droits, et *moralement impossibles* pour lui, puisqu'elles contrariaient les droits de la nation portugaise, auxquels il ne pouvait pas toucher, à l'égard desquels il ne pouvait rien disposer; on lui désigne une route forcée pour se rendre dans sa patrie; on lui donne un gardien à vue (*le comte de Villa-Réal!*) (12) pour le surveiller pendant le voyage; on m'envoie à soixante lieues de Paris sous la surveillance de la police, afin que je ne pusse y revenir tant que don Miguel ne serait point passé en Angleterre, et le même sort à-peu-près a été le partage d'autres Portugais, pour que personne ne pût parler à don Miguel de ses droits, ainsi que de ses devoirs; en Angleterre, on lui veut encore (s'il faut croire les journaux) faire promettre mille choses contraires aux droits et aux intérêts du Portugal; on détermine que, *par une faveur spéciale*, don Miguel sera accompagné d'un ambassadeur d'Albion (13), qui devra surveiller et régler

---

* Nous savons des faits qui prouvent nos assertions, mais nous ne voulons pas les publier; ils font trop de honte à une certaine politique !...

sa conduite ; on dispose que , *pour lui faire honneur* et empêcher la nation de réclamer ses propres droits et ceux du prince, les troupes britanniques ne quitteront le Portugal, qu'après qu'on aura bien lié les mains au régent, qu'on lui aura fait faire *acte de désistement* de tous ses droits, et que M. Lamb sera installé comme surveillant responsable de toutes les actions et démarches du prince !...

Oui, Messieurs *le Sun, le Courrier, le Constitutionnel, le Messager des Chambres* ; vous avez tous raison, parfaitement raison !... Après une telle masse de bienfaits et de faveurs, il ne peut y avoir d'*ingratitude* plus criante que celle que commet don Miguel, en n'épuisant pas toutes les commanderies, les distinctions et décorations de tous les ordres du royaume pour remercier ses bienfaiteurs. Espérons du moins, que quand le prince reviendra de son second exil à Vienne (auquel *le Sun* le condamne aujourd'hui), il reviendra corrigé de tant d'*ingratitudes*, et qu'en passant par Londres, il ira exprès au bureau de ce journal demander pardon à M. le rédacteur, et le remercier d'avoir tant concouru à sa *bienheureuse conversion !*

NOTES.

(1)

Il est trop vrai, quoi qu'en disent les journaux, que c'est la grande majorité du Portugal qui, comme de raison, veut la légitimité et l'indépendance ; mais, comme, pour les gens à systèmes, il faut que toute vérité soit méconnue ou défigurée, dès qu'elle ne se prête pas à appuyer lesdits systèmes, les journalistes traitent de nation portugaise quelques centaines de forcenés; parce que, pour ces messieurs, tout ce qui ne pense pas comme eux, est compté pour rien. On ne doit donc pas s'étonner si les calculs des journaux portent ordinairement à faux; puisque les journalistes en calculant sur les moindres fractions que plutôt ils devraient mépriser, et en méprisant les quantités capitales, les principaux élémens manquent au calcul; et ainsi il n'y a rien d'étrange à ce qu'il ait un résultat semblable à celui trouvé par un tel, qui se disait mathématicien, et qui en calculant la hauteur du clocher de l'université de *Coïmbra*, lui trouva à-peu-près trois cents lieues depuis sa base jusqu'à la grille qui le couronne. Les calculs des journaux ne diffèrent de celui de notre *mathématicien*, qu'en ce que celui-ci a mis dans le sien des élémens de trop, pendant que les journalistes ne mettent pas dans les leurs les suffisans.

Heureusement le susdit clocher ne crût pas, malgré le calcul, jusqu'à une hauteur aussi prodigieuse (ce qui serait un grand malheur, les étudians ne pouvant pas entendre la cloche de si haut pour venir à la classe); de même ils ne sont pas arrivés en Portugal, malgré les sinistres prédictions des journaux, les inconvéniens dont ils menaçaient Don Miguel, s'il osait dé-passer d'un pouce les bornes tracées par le marquis de Pal-mella, avec assentiment de tous les journaux du *radicalisme*.

Dans cette *élimination* de plus que les quatre-vingt-dix-neuf centièmes de la population du Portugal, Messieurs les journalistes ne font cependant qu'imiter le marquis de Pal-mella, qui, à la fin de sa *fameuse* note passée à M. Canning le 2 décembre 1826, demande une armée britannique d'oc-cupation, qui vienne soutenir à Lisbonne son *pamphlet* (la *charte métise* de M. le Marquis), « *quelle que soit l'opinion* » *manifestée par la majorité de la nation portugaise!!!!!* ». Et cela par la raison « qu'il n'est pas impossible que les » étrangers ne puissent réussir à soulever l'armée, et à pro-» duire une révolution totale dans le Portugal! »

C'est-à-dire : veut Son Excellence que les Anglais viennent chanter *el tragala* au Portugal, malgré l'opposition de toute la nation même!!!...Parce que, le Portugal *a le devoir* d'avaler, malgré lui, toutes les infamies qui lui seront apprêtées par Son Excellence, ou par tout autre coquin!!...Je défie tout Portugais qui aura un reste de sentiment d'honneur de ne pas se sentir exalter la bile à la simple lecture des mots cités! Pour moi, je suis persuadé que la seule énonciation de telles paroles met le marquis de Palmella au-dessous des *Vasconcellos* et des *Christováo de Moura*; ceux-ci voulaient conserver leur pa-trie soumise à une nation (l'Espagne sous Philippe IV, en 1640) qui, quoiqu'usurpatrice, était alors une des premières puissances du monde; Palmella veut que les troupes britanni-ques viennent avilir le Portugal, le mettre sous le joug d'une colonie rebelle, et l'obliger à adopter les sottises et les rêveries politiques de Son Exc., à la place du code fondamental qui fait la noblesse, la dignité, les droits, la base sacrée de la na-tion portugaise, la condition *sine quá non* de son existence. Le marquis de Palmella veut, par conséquent, anéantir... (je ne dirai pas *sa patrie*, puisque le Portugal ne le compte pas au nombre de ses fils *) veut anéantir une nation généreuse qui a eu le tort de consentir qu'il s'appelât Portugais; puisque le Portugal, son pacte fondamental détruit, peut bien être quelqu'autre chose, mais il n'est plus la noble, l'héroïque *Nation Portugaise.*

Revenons encore aux dernières expressions de M. le marquis de Palmella dans la partie citée de sa note : « Il n'est pas » impossible, dit-il, que les étrangers ne puissent réussir à » soulever l'armée portugaise.... etc. » Eh bien, puisqu'il n'est pas impossible aussi que des étrangers pussent réussir à soulever l'armée chinoise, et à produire une révolution totale dans la Chine (de même qu'il n'est pas impossible *que le ciel tombe et tue toutes les alouettes*), Son Ex. ferait un service à cet empire en demandant une armée britannique qui fût occuper Pékin; je suis sûr que feu M. Canning (et avec lui tous les journaux libéraux) auraient trouvé bonnes les raisons que le marquis de Palmella pourrait donner en faveur d'une telle occupation, *pourvu qu'il y eût des révolutionnaires à protéger,* ou des usurpations à soutenir.

(2)

En effet, personne ne croira que les puissances de l'Europe, l'Angleterre exceptée, eussent reconnu en 1826 la légitimité de l'empereur du Brésil comme roi de Portugal, si, à cette époque, elles eussent été instruites des dispositions du droit public portugais; à moins qu'on ne veuille supposer les gouvernemens volontairement coupables de la plus blâmable inconséquence. Je conçois que l'ignorance d'une chose si facile à véri-

* Le marquis de Palmella est né en Italie.

fier, et pourtant d'un intérêt si direct pour la politique de la légitimité, n'est pas tout-à-fait excusable parmi des hommes d'état, qui doivent connaître du moins les principaux chapitres de l'histoire politique des pays, et, à plus forte raison, de ceux qui, comme le Portugal, ont joué un rôle important dans la grande société des puissances européennes ; cette ignorance ou plutôt *insouciance à l'égard du Portugal*, est pourtant un fait prouvé par toute la conduite des cabinets de l'Europe à l'égard de ce royaume depuis deux ans à-peu-près.

Rien n'était plus simple que de voir, dans les articles qui font la loi fondamentale du Portugal, que D. Pèdre ne pouvait, en aucun cas, être roi de ce royaume, dès le moment où le Brésil fut déclaré *empire indépendant et séparé de lui ;* la chose était si claire pour ceux qui avaient un peu d'instruction sur le droit public de la nation portugaise, que je parierais qu'on ne trouverait pas un seul Portugais, qui, dès le moment où il aurait été instruit de l'indépendance du Brésil, ne fût dans l'intime conviction que D. Pèdre n'existait plus pour la succession à la couronne portugaise, et que les Portugais n'avaient plus à regarder comme successeur légitime de Jean VI que l'Infant D. Miguel. Je n'excepterai pas même de cette assertion générale le marquis de Palmella et une demi-douzaine d'intrigans qui offrirent à D. Pèdre la couronne qu'ils ont voulu ravir à D. Miguel ; non, je ne les excepterai pas, puisque, quoique *Portugais de nom* seulement, la même conviction secrète au sujet des droits de D. Miguel résidait au fond de leur cœur, de même qu'au fond de celui des vrais Portugais ; avec la seule différence que dans les premiers, elle y résidait assiégée par une crainte, fille du remords, qui l'opprimait et l'empêchait de se déclarer ; au lieu que dans les seconds, cette conviction était toujours prête à obéir à la voix de la justice et du patriotisme.

Quand, lors de la mort de Jean VI, ceux même qui avaient

le plus concouru pour l'exil de D. Miguel étaient à la tête des affaires; quand le principal ennemi de ses droits (Palmella) était, en Angleterre, en faveur auprès du patron de toute usurpation, le ministre Canning, tenant en main, comme il l'avoua lui-même *, les fils du labyrinthe de la révolution cosmopolite, et quand ce même Palmella, avant que de quitter le ministère, à Lisbonne, avait mis les destins du Portugal entièrement entre les mains du gouvernement britannique **; qui pourrait s'attendre à ce que, pour disposer du trône portugais, la légitimité fût consultée par la faction infâme qui venait d'assassiner le roi, sinon par le poison, comme on l'a dit, du moins par les inquiétudes et les chagrins qu'elle lui procura?

Pour montrer combien la question était simple à résoudre, je vais m'arrêter sur un seul article de la loi de l'état, reconnue par toute l'Europe, comme loi fondamentale du Portugal; et je laisse une autre foule immense d'argumens irrésistibles

---

* Dans son fameux discours dans la chambre des communes, le 12 décembre 1826, à l'effet d'envoyer des troupes en Portugal; pièce bien digne, en sottise comme en effronterie, de faire le pendant à la note de Palmella du 2 du même mois et sur le même objet. « Les » mécontens de toutes les nations de l'Europe, dit le Quichotte d'Albion, sont prêts à se ranger du côté de l'Angleterre. » (Quelle jolie troupe!) Mais il y a aussi des mécontens en Angleterre, et en Irlande encore davantage; je demanderais au ministre, s'il trouvait si facile d'amalgamer aussi avec les autres, et de *ranger du côté de l'Angleterre*, les mécontens de celle-ci? Ou alors, si Monsieur veut exiler l'Irlande hors de l'Europe?...

** Voir *Lettres historiques et politiques sur le Portugal, etc.* (Paris, 1827, Charles Béchet, quai des Augustins, n. 57), lettres XV, et XVI. L'opinion de l'auteur desdites lettres étant tout-à-fait contraire à la nôtre, quant aux droits de don Miguel, on ne dira pas que nous cherchons pour nos assertions des témoins suspects de faveur envers nous.

qu'on peut voir dans les ouvrages que je citerai ci-après. Voici
d'abord

LA QUESTION DU PORTUGAL EN QUATRE MOTS.

La loi fondamentale dit (*chapitres des Cortès de 1641*) :
« Que la succession du royaume ne puisse échoir jamais
» (ou appartenir) à un *prince étranger*, ni à ses enfans, *quoi-*
» *qu'ils soient les plus proches parens du roi dernier pos-*
» *sesseur.* »

Eh bien, dans l'expression *les plus proches parens du roi*,
ses enfans sont-ils compris ?.... D. Pèdre est-il *prince étranger*
ou ne l'est-il pas ?...

A la première de ces deux questions, répond le traité d'indépendance du Brésil, du 29 août 1825, article 1er.:

« S. M. T. F. reconnaît que le Brésil tient le rang d'empire
» *indépendant et séparé* du royaume de Portugal et Algarves;
» elle reconnaît son bien-aimé et estimé fils D. Pèdre comme
» empereur, cédant et transférant de sa libre volonté, la *sou-*
» *veraineté* dudit empire à son fils et à ses successeurs légiti-
» mes; S. M. T. F. ne s'en réservant que le titre, et pour sa
» propre personne (*seulement*). »

A la seconde question, répond cet axiôme ou règle de droit :
ubi lex non distinguit, nec nos distinguere debemus (quand
la loi ne fait pas de distinctions, nous ne devons pas les in-
venter).

Ergo : D. Pèdre, quoique *le plus proche parent du roi*
Jean VI, est *prince étranger ;* la succession du royaume de
Portugal ne peut pas lui appartenir.

Ainsi les quatre mots: *Pèdre est prince étranger*, résolvent,
en face de la loi, la question du Portugal.

Mais il y a encore bien des personnes qui croient que
D. Pèdre pourrait opter pour le Brésil ou pour le Portugal.

Ces personnes sont dans l'erreur, puisque la loi (encore dans le même article) établit, plus bas, décisivement, que, dans le cas ou deux états indépendans existeront, auxquels doivent succéder les fils du roi de Portugal (comme lors de la mort de Jean VI), « *le fils aîné* (ce sont les mots de la loi) *ira ré-* » *gner dans le royaume étranger* (s'il est plus grand, comme » le Brésil), *et le second dans celui de Portugal ; et ce der-* » *nier sera seul reconnu héritier et légitime successeur.* »

Par conséquent, il n'y a aucun lieu à l'option, et moins encore à la cession f.ite par D. Pèdre de la couronne de Portugal à sa fille ; personne ne pouvant donner ce qui ne lui appartient pas [*].

Il sera bon de remarquer ici qu'à peine le résultat du complot, tramé en secret à Lisbonne, à Londres et au Brésil contre le Portugal et contre D. Miguel, fut connu, il parut, il paraît, et a été accueilli avec le plus grand empressement par tous les bons Portugais, un écrit plein d'énergie et de vérité dans la courte extension d'une demi-feuille de papier, avec le titre de *Manifeste*

---

[*] Qui désirera une instruction complète sur toute la question du Portugal, peut consulter les ouvrages suivans : 1°. *Examen de la Constitution de don Pèdre, et des droits de don Miguel, dédié aux fidèles Portugais* (Paris, 1827). — 2°. *L'Angleterre et don Miguel* (Paris, 1827). — 3°. *D. Miguel et ses droits* (Paris, 1828). — 4°. *Sermens de don Miguel* (Paris, 1828). — 5°. *Moi, je ne suis pas un Rebelle,* ou *la Question du Portugal dans toute sa simplicité, offerte aux politiques impartiaux et aux gens de bonne foi* (Paris, 1828). (*On trouve tous ces ouvrages à Paris, chez Delaforest, libraire, place de la Bourse, rue des Filles-Saint-Thomas, n°. 7.*) — 6°. Un article qui commence à la page 114 du tome quatrième d'un ouvrage périodique : *La Vérité ou le Conservateur des lois, des sciences, des lettres,* etc. (Paris, 1828). La légitimité des droits de don Miguel au trône portugais est démontrée dans les écrits dont nous venons de parler avec toute

de la Nation Portugaise, qui circula premièrement manuscrit, et après imprimé, par tout le Portugal ; moi-même, j'ai pris la peine de le copier et faire copier plusieurs fois pour mieux le faire connaître. Ce papier réveilla l'attention des Portugais sur leurs droits et prérogatives nationales, et c'est aux raisons sans réponse qu'il proposait, qu'on doit attribuer la détermination de plusieurs corps de troupes et de plusieurs personnes qui, tout de suite, ou émigrèrent en Espagne, ou se déclarèrent contre la *charte brésilienne*, peu de jours après qu'elle fut connue dans le royaume. Puisque ledit Manifeste fut bientôt connu dans presque tout le Portugal, quoiqu'il circulât en secret ; j'en ai eu une copie bien peu de temps après qu'il avait été écrit à Lisbonne, et cette copie m'est venue d'un endroit des plus distans de la capitale, presque sur la frontière d'Espagne, dans lequel cette pièce était déjà entre les mains de tout le monde.

Ce seul document (sans compter beaucoup d'autres papiers analogues et proclamations qui ont été répandues en même temps) serait suffisant pour que la plupart de ceux qui ont suivi le *système luso-brésilien* ne puissent pas alléguer l'excuse d'ignorance des lois constitutives de leur pays ; et voilà pourquoi le système intrus resta toujours stationnaire et sans augmenter en nombre de défenseurs jusqu'aujourd'hui, réduit seulement à ceux qui, de mauvaise foi, s'obstinèrent à soutenir

la franchise, rigueur et loyauté, ainsi qu'avec des raisons que personne n'a encore combattues, et, nous osons le dire, ne pourra pas réfuter. Qui voudra aussi être instruit de l'intrigue détestable qu'on a tramée contre don Miguel, pourra consulter un ouvrage en deux parties : *du Complot contre le prince don Miguel, infant de Portugal, ou Introduction à l'histoire secrète du cabinet de Lisbonne* (Paris, imprimerie de Béthune, rue Palatine, nº. 5, 1826, la première partie ; 1827, la seconde).

une cause qu'ils savaient injuste. Cela soit dit en honneur de la *sincérité* des libéraux portugais.

Quant aux étrangers, s'ils voulaient être justes, ils auraient dû saisir l'occasion d'être informés exactement des droits du Portugal et du successeur légitime de Jean VI, dès qu'ils ont vu que la question s'agitait avec force et qu'il y avait d'un et d'autre côté une partie considérable de la nation, malgré la grande disproportion des deux partis. Les journalistes principalement, qui s'appellent, avec toute la suffisance imaginable, les *organes de l'opinion publique* (et je suis sûr qu'aucun d'eux n'acceptera de bon cœur le sobriquet de *trompeur* soit par ignorance ou par fraude), auraient dû, de préférence, chercher à connaître de quel côté se trouvait la justice. Mais l'ont-ils fait? Point du tout. En ont-ils eu les moyens?... Sans doute, puisque non-seulement quelques journaux de meilleure foi, comme *la Quotidienne* et *l'Aristarque* en France, le *Morning-Hérald* en Angleterre, ont présenté plusieurs fois la question sous son véritable aspect; mais qu'encore on a publié plusieurs ouvrages où la question était approfondie et discutée sans déguisement, comme nous avons dit (pag. 43 *). Mais a-t-on jamais vu les journaux libéraux vouloir entrer en discussion, ou examiner les lois du Portugal, et répondre aux argumens de ceux qui affirment, comme moi, les droits de D. Miguel?... Voilà donc l'esprit de justice et de vérité qui guide ces *fameux directeurs de l'opinion publique!!!*

(3)

Quand j'ai commencé d'imprimer cette brochure, en y laissant l'indication troisième, j'avais l'intention de faire remarquer certaines contradictions palpables que j'avais trouvées alors dans les journaux de ce temps-là; mais à présent, comme les choses d'aujourd'hui intéressent davantage, nous prendrons des exemples dans les numéros plus récens de quelques-uns des mêmes journaux, puisqu'ils en sont toujours fertiles. On se souviendra qu'il y a peu de jours les journaux libéraux prônaient extrêmement l'armée portugaise, en raison, disaient-ils, de son attachement à la *charte brésilienne*; d'après eux, de toute la nation portugaise, c'était l'armée qui était la partie la plus constitutionnelle; de toute l'armée, les mêmes journaux signalaient comme les corps les plus constitutionnels le 16e. régiment d'infanterie et le 8e. de chasseurs; aujourd'hui (8 mai) ce sont précisément ces mêmes corps qui, les premiers, proclament D. Miguel roi, et qui veulent détruire la *charte*. Voilà donc une preuve de l'esprit constitutionnel de ces troupes tant vanté par les journaux. Hier c'était la *canaille* seulement qui avait proclamé D. Miguel roi; aujourd'hui on voit faire partie de cette canaille le duc et la duchesse de *Lafões* (la seconde famille du royaume après la famille royale, et de laquelle sortit le roi Pèdre III, aïeul de D. Miguel), le nonce du Pape, beaucoup de fonctionnaires publics, de grands du royaume, etc.; cela s'explique; c'est que tout ce qui ne partagera pas l'opinion du *Constitutionnel* ou du *Journal des Débats* sera de la canaille *ipso facto*.

Le correspondant du *Journal des Débats* lui disait hier, avec autant de finesse que de bonne foi, au sujet de la proclamation de D. Miguel faite par le sénat de Lisbonne : « Toute » cette scène se passait, pour ainsi dire, dans un désert, car » il n'y avait pas une seule croisée ouverte sur toute la place » du Commerce, et l'on n'y voyait que les municipaux, la po- » lice et la populace qui avait été rassemblée, etc. » Dans ce peu de mots de M. le correspondant, qu'est-ce qui l'emporte?.. Est-ce la sottise ou la mauvaise foi?... Voyons : M. le correspondant n'ignore pas que la place du Commerce est toute formée par des bâtimens publics ; c'est la Bourse et le Tribunal du commerce, c'est la Douane, ce sont les bureaux des ministères d'état, la bibliothèque publique, les tribunaux et cours de justice, les conseils des finances, des ordres militaires, etc. : les croisées de tels édifices ne sont presque jamais ouvertes, comme il arrive à Paris pour les croisées de la Bourse, par exemple, et elles pouvaient beaucoup moins l'être ce jour-là que tous les bureaux étaient fermés. Que veut donc le correspondant du *Journal des Débats*, sinon tromper le monde et abuser de la crédulité des lecteurs qui ne seront pas instruits des circonstances de ladite place du Commerce, et qui la croiront entourée de maisons particulières ?

Après cela, ce *désert* de la place du Commerce (dont les arcades, où toujours se promène beaucoup de monde, peuvent être comparées à celles de la rue de Rivoli, à Paris) était vraiment bien solitaire !... C'était un *désert* d'une nouvelle espèce, un *désert plein de monde*, puisque le correspondant n'y a vu que *les municipaux, la police et la populace !* Certainement cette *bagatelle* sur quelques centaines de toises carrées que peut avoir de terrain la place du Commerce, en faisait, sans doute, un Zara ! Cependant le correspondant du *Messager des Chambres* (celui qui raconte la chose le plus d'après la vérité) a vu *une immense multitude de monde* où celui du *Journal des Débats* ne voyait qu'un *désert !...*

Avec une égale bonne foi, on accusait le prince d'avoir passé devant la caserne du régiment 16e. d'infanterie, comme si D. Miguel se fût détourné pour passer devant ladite caserne. Les perfides correspondans des journaux savent très bien que c'est le chemin ordinaire des voitures pour aller du palais *da Ajuda* à celui *da Bemposta*, que de passer devant la caserne de *Val de Pereiro* (caserne du 16e.) ; Jean VI l'a toujours suivi, et tout le monde en fait autant pour se rendre d'un palais à l'autre ; ainsi les correspondans mensongers des journaux libéraux, en accusant D. Miguel de passer devant la susdite caserne, font comme s'ils accusaient S. M. Charles X de passer le pont royal pour se rendre aux Invalides, par exemple. Il faut que messieurs les libéraux envoient à D. Miguel une carte routière des seuls chemins qu'il doit suivre, pour ne pas encourir leur indignation.

Malgré tant de mensonges et de contradictions qu'on trouve à chaque pas dans les journaux dont nous parlons, ils ne perdent cependant pas un grain de leur crédit auprès de la plupart de leurs lecteurs, dont ils font le presque seul Évangile.

(4)

En vérité, nous ne sommes pas très étonnés de ce que les journaux, et particulièrement les journaux anglais, épuisent toute leur bile contre D. Miguel ; ces messieurs ne se sont pas proposé, comme leurs colonnes le prouvent tous les jours, de défendre la vérité ; leur besogne est de soutenir des systèmes et des partis à tort et à travers ; par conséquent, en déraisonnant même, ils marchent à leur but. Mais en sera-t-il de même des politiques à qui le sort des peuples est confié, et marcheront-ils aussi à leur but en faisant de la politique *à la journaliste ?* C'est ce que nous allons examiner.

S. M. Charles X, par exemple, en nommant des ministres qui gouvernent en son nom, ne se propose pas, je crois, d'autoriser une demi-douzaine d'individus à protéger ni les projets insensés des radicaux anglais, ni les prétendus plans des imaginaires apostoliques d'Espagne ; mais il semble que S. M. a pour but de choisir des hommes qui mènent la France au bonheur par les voies de la justice, de la saine politique et de la bonne foi, en méprisant les passions et basses intrigues des

factions, et en envisageant les choses d'après les principes de
la raison et de l'équité. Voilà donc les vues qu'il me semble être
du devoir des ministres de songer à remplir, tant par rapport
aux affaires intérieures de son royaume qu'à celles de la politique extérieure. Je vais essayer de faire un peu l'application
de ces principes au ministère actuel de S. M. T. C.

Pour ne pas imiter les journaux qui parlent et décident
comme *ex cathedra*, des opinions et désirs des peuples, sans
les connaître (si ce n'est qu'en les connaissant ils les défigurent
exprès), je ne parlerai pas de ce qui appartient à l'intérieur
de la France; je n'ai pas la présomption de la connaître assez
pour cela, après sept mois de résidence; et quand même je la
connaîtrais bien mieux, je ne commettrais pas la ridicule im-
prudence de m'ériger en censeur du régime intérieur de la maison d'autrui. Mais quant à ce qu'on dit et fait à l'égard de
mon pays, je crois avoir le droit d'en juger un peu.

Nous ne savons pas l'opinion de tous les membres du ministère français, au sujet de la question du Portugal et des
droits de D. Miguel à la couronne de ce royaume; mais,
quant à deux desdits membres, nous pensons qu'ils penchent
bien plus du côté de D. Pèdre, que de celui de D. Miguel;
et ce sont, sans doute, ceux qui peuvent le plus influer dans
la résolution que la France aurait à prendre à l'égard du Portugal. Quant à M. de La Ferronnays, nous croyons pouvoir
assurer qu'il n'est rien moins que favorable à D. Miguel, et
qu'il souscrirait volontiers au jugement porté par le *Courrier
français* ou par le *Constitutionnel*, au sujet des prétendues
promesses dudit prince. Or, ces promesses, en admettant
qu'elles ont été faites, devaient entraîner l'obligation d'un tiers,
dont le consentement ne fût pas consulté, c'est-à-dire, de la
nation portugaise, que lesdites prétendues promesses auraient
obligée à différentes choses; il s'ensuit donc, d'après l'opi-

nion de M. le ministre des affaires étrangères, que : ou quelqu'un peut stipuler valablement avec un autre, au sujet des droits d'un tiers, ce qui n'est pas bien conforme, ni aux principes de la justice universelle, ni à ceux de la législation française [*]; ou alors que le peuple portugais n'a aucun droit, et est là, comme le cheval au marché, prêt à recevoir ou le riche harnais ou le bât grossier : nous aimerions à savoir pour laquelle de ces deux opinions Son Excellence se déciderait.

Cependant M. de La Ferronnays, dans son discours du 13 mai, à la Chambre des députés, a évité de parler des choses du Portugal; en lisant ce discours, nous nous flattions de l'espoir que du moins son Excellence pourrait encore avoir quelque raison d'indécision pour prononcer sur une question si importante (quoiqu'elle ne devrait pas même en être une, la justice étant bien clairement pour D. Miguel); mais, tout-à-coup, M. Hyde de Neuville vint détruire cette idée, en nous déclarant que, pour lui et pour le ministère français, « *la Reine de Portugal est au Brésil.* » A la bonne heure, peu nous importe que la *reine* de Portugal, *d'après M. Hyde de Neuville*, soit au Brésil ou au Japon, pourvu que le *roi* D. Miguel, d'après *les Portugais*, soit à Lisbonne. Au reste, M. le ministre de la marine a sa vue politique un peu basse, et c'est par faute de ses *lunettes politiques*, qui grandissent tout, qu'il

***

[*] *Si quis alium daturum facturumve quid promiserit, non obligabitur.* (Justiniani Inst., tit. *De inutilib. stipul.*)

« Il faut que la chose (*sur laquelle on stipule*) concerne les parties contractantes. Il est de principe, en effet, que l'on ne peut en général promettre ou stipuler en son propre nom que pour soi-même... les conventions n'ayant d'effet qu'entre les parties contractantes, et ne pouvant en général nuire ni profiter aux tiers. » (*Institutes de droit civil français*, par M. Delvincourt, liv. 3, tit. V, chap. 2, section 3.)

voit une reine où nous, les Portugais, ne voyons qu'un enfant sans aucun droit à cette royauté. J'aime mieux attribuer à ce défaut *optique* l'opinion de M. le ministre, que de la juger d'après Tacite; ce Romain, qui n'avait pas toujours la meilleure opinion de ses semblables, si j'allais lui demander qu'est-ce qu'il pensait des paroles de M. de Neuville, sans doute, il n'hésiterait pas à me répondre, avec sa précision sentencieuse : *Proprium humani ingenii est odisse quem læseris.* (Tacit. in vit. Agric.)

Que M. le ministre de la marine ne se fâche pas si nous jugeons ainsi de ses *yeux politiques;* c'est l'expérience qui guide ici notre jugement, et, pour peu que cette *magistra politicorum* ait de crédit auprès de Son Excellence, nous espérons que le reste du monde ne nous blâmera pas de la consulter. Nous ne trouvons, en effet, rien d'extraordinaire à ce que M. de Neuville qui, le 30 avril 1824, ayant emprunté les lunettes de *Subserra* et de *Palmella**, a vu, dans une simple affaire de changement de ministère, une *rebellion*, un *parricide*, puisse aussi voir aujourd'hui une *usurpation*, un *parjure*, où il n'y a qu'exercice *nécessaire* des droits les plus légitimes.

Je finissais cette note, lorsqu'entra chez moi (le 16 mai), un de mes très estimés amis en France, M. le comte de A***; il me parla des paroles de M. H. de Neuville à la Chambre des députés : « La reine de Portugal est au Brésil..., etc. », et me montra quelques réflexions que lui avait suscitées la lecture des-

---

* Le comte de *Subserra* et le marquis de *Palmella* étaient les ministres contre qui se dirigeait la tentative du 30 avril; S. A. R. désirant qu'ils fussent destitués, comme il était bien nécessaire. Mais Subserra s'étant réfugié chez M. H. de Neuville, alors ambassadeur à Lisbonne, et Palmella ayant été mis en liberté par le prince, tous deux ont persuadé à M. de Neuville, qui s'en laissa duper, que D. Miguel en voulait à la couronne de son père.

dites expressions de M. de Neuville : j'ai demandé à mon ami
la permission d'insérer ses réflexions à la suite de ma note, qui
d'ailleurs traitait le même objet. Nous différons un peu, comme
on le verra, sur l'idée que nous nous faisons l'un et l'autre de
l'opinion de M. de La Ferronnays ; chacun détermine de bonne
foi son jugement suivant les notions qu'il a ; j'aimerais bien que
ce fût moi qui eût tort.

Voici donc les réflexions dont je parle :

« Dans le discours prononcé par M. le ministre de la ma-
» rine, à la séance du 13 mai, les royalistes ont remarqué,
» avec autant d'étonnement que d'indignation, la phrase qui
» concerne le Portugal et que voici : *La reine de Portu-*
» *gal est au Brésil*. Qu'un député d'une opinion suspecte
» ait ainsi parlé, cela se concevrait ; mais un ministre du
» Roi de France, mais un ancien ambassadeur à Lisbonne,
» qui vient proclamer à la tribune une erreur de cette impor-
» tance, compromet évidemment l'honneur de son maître et
» la dignité de son caractère.

» M. Hyde de Neuville, s'il avait jeté les yeux sur le code
» des anciennes lois portugaises, s'il connaissait le respect
» religieux qui remplit les cœurs portugais pour la légitimité,
» il ne se serait sûrement pas ainsi expliqué. D. Pèdre ne
» fut jamais roi de Portugal, puisqu'il était empereur du Bré-
» sil ; il n'avait donc aucun droit de disposer de la couronne ;
» et quand bien même D. Miguel n'existerait pas, la princesse
» Maria ne serait pas plus susceptible d'occuper le trône por-
» tugais ; qu'aujourd'hui, si D. Miguel, seul et légitime sou-
» verain du Portugal, rassemble en cet instant les cortès de
» Lamégo, c'est comme surabondance, mais non pas un droit
» qu'il espère en obtenir.

» Non, M. le ministre, vous n'avez pas expliqué la pensée
» royale ; ce n'est pas à vous qu'il appartiendrait de le faire

» dans cette circonstance ; le ministre des affaires étrangères
» serait spécialement chargé de traiter cette question, si toute-
» fois cela en était une, et celui-ci a trop de prudence, de
» discernement et de loyauté, pour mettre en doute des vérités
» incontestables. D'ailleurs l'on doit ressentir une espèce de
» plaisir en voyant une nation secouer le joug de l'Angleterre ;
» pour en arriver là, la politique aurait dû déployer tous ses
» moyens ; et le royalisme s'applaudit de voir un peuple entier
» bannir la révolution et consacrer des principes, dont l'aban-
» don serait suivi des plus affreux malheurs pour lui. »

(5)

Dans la *Gazette de France*, n°. 105 (du 14 avril 1828),
on lit un article signé *Colnet*, au sujet d'un ouvrage intitulé : *Abrégé du Mémorial sur la révolution française, ses
causes, ses promesses et ses résultats* ; par M. Touss.-Fél.
Jolly. Nous trouvons dans cet article, plein de l'esprit juste et
de la parfaite ironie qui caractérise le style de son auteur, une
réflexion sur les sermens de la révolution, qui nous semble
venir ici à propos ; nous allons la copier :

« L'auteur de l'ouvrage que j'annonce, dit M. *Colnet*, rap-
» pelle à cette occasion tous les *sermens* qui ont été prêtés
» pendant la révolution ; il n'en compte que *dix-sept* : mais je
» crois qu'il en oublie quelques-uns : nous devons en avoir
» fait davantage. On a prêté serment à sept ou huit constitu-
» tions, toutes fort bonnes, mais qui n'ont pas vécu long-
» temps ; on a juré attachement au Roi qui, comme on le di-
» sait, n'avait pas un seul ennemi ; on a juré, peu de mois
» après, haine à la royauté ; on a juré fidélité à la monarchie
» constitutionnelle, puis à la république, puis à l'usurpa-
» tion, puis à la légitimité, puis encore une fois à l'usurpa-

» tion... Enfin, que n'a-t-on pas juré? Les sermens n'étaient
» plus qu'une formalité sans conséquence. *Selon vos ordres,*
» écrivait un maire de ce temps-là à un ministre, *j'ai fait*
» *prêter, par mes administrés, le dernier serment exigé par*
» *la loi du...., et je leur ferai prêter également tous ceux*
» *qui pourront leur être encore demandés. Ce sont de bons*
» *citoyens prêts à jurer tout ce qu'on voudra.* L'auteur du
» *Mémorial de la révolution* porte à huit millions environ,
» le nombre des sermens *particuliers* prêtés depuis 89; et
» dans ce nombre, combien de parjures? Je laisse le soin de
» décider cette question à ceux qui prétendent que la révolu-
» tion a été singulièrement favorable à la morale publique. »
  » C'est encore, il est vrai, une des belles promesses qu'elle
» nous a faites; mais comment l'a-t-elle tenue?... »

L'article que nous venons de transcrire commence : « C'est
» au nom des libertés publiques qu'on a fait la révolu-
» tion..., etc. » Ces mots sont la traduction assez fidèle du *li-*
bertas et speciosa nomina prætexuntur... etc. du Tacite, dans
notre épigraphe; puisque, comme dit le même article : « L'a-
narchie et le despotisme, voilà quels furent ses présens. » Oui,
l'anarchie et le despotisme (on pourrait même dire le *despotisme*
seulement, puisque l'anarchie n'est d'abord que *le despotisme*
de la canaille), tous les deux si contraires à la liberté, furent
les présens de cette révolution amenée au son des mots impo-
sans de *libertés publiques, droits de l'homme, etc.*; une preuve
de plus que le renversement et changement du nom des choses,
si à la mode aujourd'hui, ne change réellement rien dans la
nature des choses mêmes.

(6)

Je consignerai dans cette note l'historiette de mon voyage

dans la Touraine; mon amour-propre est flatté qu'on sache en la lisant que j'ai été un moment traité en *personnage d'importance.*

Le 27 novembre 1827, à une heure et demie après midi, j'étais au lit par suite d'un coup violent du brancard d'un cabriolet que j'avais reçu au milieu de la poitrine; pour éviter les suites funestes de cet accident qui m'avait fait cracher le sang , on m'appliqua dix-huit sangsues, des emplâtres, des saignées et d'autres amusemens de cette espèce. Tout en mauvais état que je fusse, je jouais aux échecs, sur mon lit même, avec un de mes amis, *rebelle,* comme moi, aux *caprices constitutionnels* de l'empereur du Brésil, et qui s'attendait aussi peu que moi à *l'échec* que la police allait me donner, par le conseil de lord Granville et d'un autre monsieur (*portugais*) que je ne nomme pas ici, parce que la générosité me rappelle les deux mots : *parce sepultis.* Voilà qu'un commissaire de police entre dans ma chambre et me donne une lettre qui n'était pas très longue à lire; en somme, sans qu'on s'y informât de ma santé, qui n'était pourtant pas satisfaisante, on m'invitait à me présenter le même jour, à deux heures, au cabinet de M. le préfet de police.

Je montrai ma poitrine encore toute meurtrie à M. le commissaire, en lui disant que, comme il voyait, je n'étais pas très en état d'accepter l'invitation de M. le préfet, mais que malgré cela, pour ne pas paraître mépriser l'honneur qu'on me faisait, je tâcherais, dans le court espace qu'on me donnait, de me rendre au lieu indiqué. Je l'ai fait comme je l'avais dit, et, arrivé à la préfecture, un employé (de la bonté duquel je me souviendrai toujours) me dit : « Monsieur, j'ai une mauvaise nouvelle à vous annoncer. — Et quelle est-elle donc ? — C'est que vous devez quitter Paris. — Ce n'est pas cependant un grand malheur; je voulais voyager de mon plein gré, vous me faites voyager par force. — Mais c'est qu'il faut que vous partiez dans le quart-d'heure, dans l'instant même, pour Tours. — Mais je n'ai commis, je crois, aucun crime contre la France pour qu'on m'exile; je demande mon passeport pour l'Espagne ou pour la Belgique. — Nous ne pouvons vous le donner que pour Tours, ce sont les ordres que nous avons. — C'est bien; mais je n'ai pas d'argent sur moi; il faut pourtant ou que vous m'en fournissiez, ou que vous me permettiez d'aller chez mon banquier. — Sans doute, on ne peut pas voyager sans argent; attendez un moment.... » Il a été, je crois, consulter M. le préfet, et en revenant : « Vous irez d'ici à la diligence pour retenir votre place; vous n'irez qu'après chez votre banquier, et ensuite vous partirez. Mais vous serez accompagné par un officier de police pendant ces démarches. »

J'ai su aussi que ledit officier de police ne devait pas me quitter jusqu'à ce que je fusse monté en voiture, et que je devais être accompagné jusqu'à quelques lieues de Paris pour ne pas prendre une autre route. A cela j'ai répondu : que ce monsieur, quel qu'il fût, qui recommanda tant de cérémonies pour mon départ, aurait bien pu s'épargner tant de soins, puisque je savais trop ce qu'on doit à une nation sous les lois de laquelle on se mettait volontairement, comme je le fis en venant en France, pour qu'il me vînt à la pensée de désobéir à son gouvernement. Mais la chose s'exécuta comme elle avait été ordonnée, et je partis pour la Touraine.

Je finis ici mon histoire, parce que le reste n'a rien d'intéressant, et mes lecteurs ne sont pas, j'espère, très curieux de savoir si le mouvement de la voiture me faisait souvenir du cabriolet et des sangsues. Je veux cependant, pour rendre hommage à la vérité, ne pas manquer de dire encore ici que je n'ai qu'à me louer beaucoup de la conduite qu'ont tenue envers moi tous les employés de police et autorités, tant à Paris qu'à

Tours, et que je rendrai toujours témoignage que ces messieurs savent concilier l'honnêteté et la politesse avec leur devoir. Quant à l'empressement avec lequel on a voulu que je sortisse, je remarquerai seulement que D. Miguel n'est arrivé à Paris que plus d'un mois après, et, comme je l'ai dit, c'était pour que je ne le visse pas qu'on me faisait sortir.

(7)

Nous savons de bonne source que les engagemens pris par l'infant D. Miguel à Vienne, quand on lui a proposé de jurer la *Charte brésilienne* en 1826, ont été restreints par une clause tout-à-fait juste, qui annule clairement tous ces engagemens. D'après ce qu'on nous a assuré, cette clause, qu'alors on jugea à propos de ne pas publier, par de certains motifs, consistait en ce *que D. Miguel ne promettait l'obéissance aux dispositions de son frè.e, quand le cas de l'exercer serait arrivé, qu'autant que ces mêmes dispositions ne préjudicieraient pas aux droits que lui, D. Miguel, pourrait avoir à la couronne portugaise, d'après les lois du royaume.* Malgré cependant que ce fait nous fût assuré par une personne qui devait le savoir et qui n'avait aucun besoin de nous tromper, jusqu'à présent nous nous en tenons à ce qu'on a publié sans faire mention de telles restrictions; mais nous ferons néanmoins quelques réflexions sur une telle clause, en ne l'admettant même que par hypothèse.

En effet, si la cour de Vienne ne voulait pas se rendre coupable de la plus manifeste violence, comment pourrait-elle exiger de D. Miguel une promesse absolue d'obéissance aveugle à des actes qui détruisaient tous les droits de ce prince, fondés sur la véritable constitution de l'état, sur le même pacte qui, en 1641, mit sur le trône la maison *de Bragança* ?.... De quelle

justice ladite cour exigerait-elle de D. Miguel une renonciation
à ces mêmes droits?.... Secondement, y aurait-il rien de plus
juste, de plus raisonnable qu'une telle clause, pourvu que ce
ne fût pas à Vienne, mais en Portugal même que la question des
droits du prince dût être décidée?.... Ou, de quel droit la cour
d'Autriche pourrait-elle préjuger la question pendant le séjour,
ou plutôt la détention du prince à la même cour?... Rien ne
semble donc plus naturel que l'admission d'une telle restriction
lors de la proposition qu'on a faite (à Vienne) à D. Miguel, de
promettre obéissance aux dispositions de son frère, et à la loi
nouvelle qu'il venait d'envoyer en Portugal.

Mais en considérant sans restrictions ou modifications les
promesses, quelles qu'elles fussent, que D. Miguel eût faites à
Vienne ou à Londres, le jugement de la morale et de la jurisprudence, au sujet de la validité de telles promesses, ne serait
pas douteux : la morale permettrait-elle qu'on pût abuser des
circonstances des individus pour leur faire promettre des choses
préjudiciables à eux-mêmes, et pis encore, préjudiciables aux
autres?... D. Miguel n'avait-il pas raison de craindre *, à
Vienne, une détention semblable à celle du prince D. Duarte,
frère du roi Jean IV, qui, quoiqu'il eût rendu de grands services à la maison d'Autriche, fut emprisonné en Allemagne, et
ne put jamais recouvrer sa liberté, malgré les réclamations du
roi de Portugal?.... Et quel était-il le crime de D. Duarte?.....
C'était d'avoir un frère qui avait accepté, en Portugal, l'exercice des droits que la loi et la nation lui offraient! Si l'on a proposé à D. Miguel de promettre quelque chose, lui a-t-on préa-
lablement fait voir et étudier ses propres droits, d'après les lois

---

* « Dans le for intérieur, il est défendu d'inspirer la plus légère
crainte injuste à quelqu'un, pour lui faire contracter une obligation. » *Instit. de droit civil français*, etc. (par **M. Delvincourt**),
liv. 3, tit. 5, chap. 2, sect. 2, §. 2, note 1.

de sa patrie, comme la justice l'aurait exigé ? lui a-t-on fait bien comprendre ce qu'il allait promettre *?

Nous répondrons à présent par la bouche d'autrui à ceux qui affectent faire tant de cas des promesses de D. Miguel ; nous les regarderons d'après le droit naturel et d'après le droit civil, en présentant des avis de jurisconsultes célèbres, et des dispositions de lois positives.

Nemo cui sana mens est, se se ad ea, que vel per naturam vel per legem fieri non possunt, obstringere velle creditur. (Heinec., De jur. nat. et gent., lib. 1, cap. 7, §. 208.) — *Ut tamen legi cedere debeat obligatio jurisjurandi ; illudque nullam obligationem producat, si quis se eo ad rem... legibus prohibitam devinxerit ; quamvis, si legibus directe non refragetur jurata promissio, omnino quis teneatur, nisi dolo alterius malo deceptus, vel vi injusta adactus fuerit.* (*Idem*, §. 209.) (« Il n'est pas à croire que quelqu'un, dans son bon
» sens, puisse vouloir s'obliger à des choses que la nature ou
» la loi rendent impossibles. — L'obligation du serment doit
» céder à la loi, ou plutôt le serment ne peut produire aucune
» obligation pour celui *qui le fait en promettant une chose*
» *défendue par la loi ;* mais, si la promesse jurée ne s'oppose

* « Une troisième condition nécessaire au consentement, c'est
» que l'on ait les connaissances nécessaires dans l'affaire dont il s'agit,
» ou qu'il soit exempt d'erreur. Il y a de l'erreur dans les conven-
» tions, lorsque l'un des contractans, ou même tous les deux, ne
» connaissent pas l'état des choses, ou que cet état est tout autre
» qu'ils ne le supposent. Dans ces circonstances, le consentement
» n'est pas donné d'une manière absolue, mais conditionnelle ; et
» cette condition ne se vérifiant point, on peut dire qu'on n'a point
» consenti, et par conséquent qu'on n'est point obligé. » (*Burla-*
maqui, Principes du droit de la nature et des gens, 4e. *partie,*
chap. 4, §. 14.)

» pas directement à la loi, le promettant est tenu par elle, ex-
» cepté dans le cas où il aurait été trompé par dol, ou *réduit*,
» *par une injuste contrainte, à faire ladite promesse.* »)

» Le consentement suppose encore une *entière liberté*; par
» conséquent, la contrainte ou la violence rendent nul un enga-
» gement... Dans ces circonstances, celui qui donne son con-
» sentement n'a point une intention sérieuse de s'obliger, s'il
» ne consent que pour se tirer d'affaire. » (*Burlamaqui,
Principes du droit de la nature, etc.*, 4ᵉ. partie, chap. 4,
§. 21.)

« Une sixième condition nécessaire à la validité du consen-
» tement, c'est qu'il n'ait rien de contraire à la disposition des
» lois. » (*Le même Burlam.*, loc. cit., §. 23.)

« La loi ne saurait nous imposer la nécessité de tenir ce à
» quoi nous nous sommes engagés malgré nous et contre notre
» intérêt. » (Idem, *not. au* §. 21.) (*C'est-à-dire, quand il
ne s'agit pas de choses commandées par un devoir, puisqu'alors il n'y a pas convention, mais pure obligation.*)

La promesse que D. Miguel aurait pu avoir faite à Vienne,
était si directement opposée aux lois constitutives de sa patrie,
desquelles seules lui et sa famille tenaient tous leurs droits,
qu'en l'exécutant, il n'aurait rien moins que bouleversé tout-
à-fait et détruit ces mêmes lois constitutives. On voit donc, en
regard des textes cités ci-dessus, quelle validité cette promesse peut avoir en bonne jurisprudence universelle. Je citerai à présent quelques articles du droit français au même sujet,
et je ne ferai pas mention spéciale du droit portugais, parce
qu'il est parfaitement d'accord avec le droit français dans ces
principes, puisés dans des sources communes, le Droit de la
nature et le Droit romain.

Articles du Code civil français.

« 1109. Il n'y a point de consentement valable, si le con-

» sentement n'a été donné que par erreur, ou s'il a été extor-
» qué par la violence ou surpris par dol.

» 1112. Il y a violence, lorsqu'elle est de nature à faire
» impression sur une personne raisonnable, et qu'elle peut
» lui inspirer la crainte d'exposer sa personne ou sa fortune à
» un mal considérable et présent. »

D. Miguel était, à Vienne et à Londres, dans le cas de ces
deux articles, principalement si on considère l'exemple du
prince D. Duarte dont nous avons parlé; par conséquent, la
conclusion tirée dans l'article 1116 du même Code français que
nous allons citer lui est applicable.

« 1116. Le dol est une cause de nullité de la convention
» lorsque les manœuvres pratiquées sont telles, qu'il est évi-
» dent que, sans ces manœuvres, l'autre partie n'aurait pas
» contracté »

Le fondement de cet article est une règle de Droit naturel
que Burlamaqui exprime de la manière suivante (*loc. cit.*, §. 15):
« Lorsque, dans une promesse gratuite, on a supposé quel-
» que chose, sans quoi on ne se serait point déterminé à pro-
» mettre, si la chose supposée manque, l'engagement est nul,
» selon le Droit naturel. »

Les procédés de D. Miguel, aujourd'hui, prouvent abon-
damment que ledit prince n'aurait rien promis, si, au lieu
d'être à Vienne lors de la venue de la *Charte brésilienne*, il
eût été, comme aujourd'hui, en pleine liberté, condition nécessaire, selon toutes les jurisprudences, pour la validité du
consentement.

Mais dans le cas même (non concédé) que les stipulations
de D. Miguel eussent pu être valables pour lui, elles ne pourraient jamais l'être pour un tiers, et beaucoup moins pour obliger toute une nation à se soumettre à des choses contre son

droit écrit et solennel. Le Code français l'établit aussi, d'accord avec les principes de la justice universelle, dans l'article

« 1119. On ne peut en général s'engager, ni stipuler en » son propre nom que pour soi-même. »

Encore le fondement de cette disposition est dans le Droit naturel ; le cité Burlamaqui dit dans le même chapitre 4, §. 27 :

« Il n'est pas moins certain que l'on ne saurait traiter ou » promettre valablement au sujet de ce qui appartient à autrui, » et qui n'est point à notre disposition. » (Je cite ces passages de *Burlamaqui*, seulement pour abréger, et presque plutôt comme des exemples que comme autorité ; puisque ce sont des choses si reconnues que tous les auteurs qui traitent du Droit naturel les répètent.)

Il s'ensuit de tout ceci, que tous les actes contraires aux droits de D. Miguel, qu'il aurait pu avoir faits jusqu'au moment où il serait à Lisbonne en pleine liberté, au milieu de ses sujets, et libre tout-à-fait de la crainte que pouvait lui inspirer une armée d'occupation qui n'était venue en Portugal que pour s'opposer aux droits dudit prince, doivent être jugés comme des actes d'une *tolérance* prudente, qui cédait à la force des circonstances. Cette tolérance ne pouvait aucunement préjudicier à son droit ; et cette doctrine a été déjà admise dans le droit public portugais, et proclamée de la manière la plus formelle dans un cas semblable, quand, dans le manifeste du Portugal à l'Europe en 1641, il est dit : « Que les droits des princes » de Bragance ne pouvaient être infirmés en ce que ces princes » avaient obéi pendant quelque temps aux rois d'Espagne (*et* » *ils leur avaient même prêté serment de fidélité*) ; puisque » cette *tolérance* ne pouvait préjudicier à leur droit. »

Il ne sera pas inutile de faire encore ici une réflexion qui nous semble être de quelque poids dans la matière que nous traitons. D'après la disposition du Droit romain, adoptée par la législation portugaise, ainsi que par celle des nations civilisées de l'Europe *, la *restitution en entier* est accordée aux mineurs pour toute lésion qu'ils peuvent avoir reçue dans leur fortune ou dans leurs droits, en raison de tout contrat, stipulation, ou même sentence judiciaire, pendant le temps de leur minorité. Les effets de cette restitution, qui annulent tout contrat et stipulation où il y a lésion contre le mineur, ont lieu aussitôt qu'on prouve la lésion, et cela dans le cas même où les conventions sur lesquelles on demande la restitution auraient été faites avec l'autorité du tuteur ou curateur du mineur. La solennité même des actes judiciaires n'empêche pas qu'on ne les invalide au moyen de la restitution en entier dans les cas où elle est admissible. Le droit naturel donne son approbation à ces dispositions civiles et « demandait que les lois positives fissent de pareils » réglemens, d'autant plus qu'il y a presque toujours de la » mauvaise foi dans le procédé de ceux qui contractent avec un » jeune homme. » (*Burlamaqui*). La loi portugaise concède cette restitution au mineur dans le délai de quatre ans après qu'il est devenu majeur; la loi française lui est plus favorable encore, elle lui prolonge ce délai jusqu'à dix ans.

Je crois qu'on ne niera pas la justice de la jurisprudence qui établit ces dispositions, qui peuvent avoir lieu sur une convention d'une petite importance. Eh bien ! de quel droit veut-on dénier à l'infant D. Miguel la faculté de se restituer des lésions qu'on a voulu lui faire par des stipulations exigées de lui dans sa minorité **, si loin de sa patrie, au milieu d'étrangers, privé de communication avec les bons Portugais et

---

* « La simple lésion donne lieu à la rescision en faveur du mineur » non émancipé, contre toutes sortes de conventions. » *Article* 1305 *du Code civil français.*

** D'après la loi portugaise, la minorité ordinaire ne finit qu'à vingt-cinq ans.

dans les circonstances de craindre le sort d'un prince de sa maison (D. Duarte, en 1640) qu'on avait détenu dans le même empire où D. Miguel se trouvait, et par des motifs bien moins forts que ceux qu'on pouvait prétexter pour retenir celui-ci?.. La lésion qu'on faisait à D. Miguel, en lui ravissant une couronne que les lois lui donnent, ne vaut-elle pas celle d'une petite convention quelconque?...

D'après les lois du Portugal, la chose publique est toujours regardée comme un mineur, pour ce qui touche le bénéfice de la restitution; à plus forte raison, le chef de la nation doit-il jouir d'un semblable bénéfice après une lésion qui intéressait tout-à-fait la chose publique.

(8)

Les journaux du mois d'avril ont répété la relation de l'assassinat des professeurs de l'université de Coïmbra, qui, d'après l'usage, allaient complimenter, de la part de cette corporation, l'infant D. Miguel sur son avènement à la régence. Les forcenés, fanatisés dans les clubs des sociétés secrètes de Coïmbra (où malheureusement quelques hommes ambitieux et immoraux ont eu l'adresse d'attirer une partie de la jeunesse qui y étudie), ont commis des horreurs qu'on ne pourrait même attendre des bandits les plus invétérés dans le crime : ayant tiré plusieurs coups de feu sur leurs victimes, ils ont encore assouvi leur rage par mille coups de couteau dont ils les ont percées ; et, non contens de cette infâme et horrible barbarie, ils sont allés jusqu'à arracher les yeux aux cadavres ; après avoir exécuté de telles horreurs, ils ont conservé encore assez de sang-froid et de méchanceté pour s'amuser à tirer des coups de feu, à poudre seulement, sur des enfans qui accompagnaient les assassinés.

Et, sont-ce là les résultats de cette philanthropie et de cette tolérance tant vantées par ces gens qui ne les ont que dans leurs paroles ?... Ceux que de tels monstres appellent *intolérans et sanguinaires*, ont-ils jamais donné d'exemples semblables de férocité et de barbarie ?... et quel était le crime de ces malheureux que vous venez d'immoler si lâchement?.. Ce n'était que le soupçon que vous aviez qu'ils ne pensaient pas comme vous !.. Et serait-ce un grand bonheur pour le monde que d'être peuplé de tigres, s'il y avait beaucoup de gens pensant comme vous?... Est-ce donc vous qui accusez vos adversaires d'intolérance?... Où en a-t-on trouvé de plus violente que la vôtre?.. Ah! le sang de ces victimes de votre fureur avertira les Portugais de se méfier toujours plus à l'avenir de vos discours mensongers et de vos feints propos d'humanité. Mais, c'était bien à cela qu'on devait s'attendre de ceux qui, dans leurs campagnes académiques, en défendant l'usurpation de D. Pèdre, avaient préludé par le vol, l'insolence, le viol, le blasphême et le sacrilége *.

(9)

Tout le monde sait aujourd'hui que le marquis de Palmella a voulu châtrer le Portugal de son ancienne virilité, pour en faire l'eunuque d'un certain nouvel empire; nouveau Jupiter, M. le Marquis commit son ouvrage à la mer, qui le porta sur les

---

* Se sont souillés de tous ces crimes, comme tout le Portugal le sait, ceux des étudians de l'université de Coïmbra qui se sont armés sous le nom de *corps académique constitutionnel* (pour se délivrer de l'assujettissement des classes, et venir, sous prétexte de défendre l'usurpation brésilienne, promouer dans les provinces du nord du Portugal leur libertinage et leur dissolution.) Nous pourrions bien spécifier les faits que prouvent nos assertions, puisque nous n'avançons rien positivement sans en avoir des preuves.

5

côtes de l'Amérique : ce fut là que, balotté par les flots, con-
jointement avec l'écume de la mer, imprégné des principes
libéralistiques qui transsudent par tous les corps politiques de
cette partie du monde, il sortit de cet heureux mélange la
nouvelle Vénus qu'on appela du nom de *Charte brésilienne*
(comme elle participe de l'Américain et de l'Européen, nous
l'appelons *Charte métisse*). Un souverain du Nouveau-Monde
adopta comme sa fille la nouvelle créature ; il lui donna en apa-
nage la Lusitanie, royaume du Vieux-Monde, dont un fils
d'Albion venait de lui faire cadeau. La métisse déesse a voulu
visiter ses états, et à peine elle s'y présenta qu'elle fut l'objet
du culte de tous les niais de ce pays-là et de beaucoup d'autres
des nations voisines. Elle a vécu deux années dans son
royaume, ne se portant jamais très bien : il semble que le
climat ne lui a pas été très favorable, et on assure même aujourd'hui que, malgré l'immortalité qu'on lui attribuait, cette
Cypris transplantée est à l'agonie, et qu'aucun médecin ne peut la
sauver. (*J'écrivais cela le 20 avril.*)

(10)

En 1823, dans les derniers paroxismes des *cortès* d'alors,
quelques députés protestaient aussi, comme M. le comte *da
Taïpa*, de ne pas abandonner leur poste ; à peine eurent-ils
fini de dire cela, qu'ils prirent leurs chapeaux et gagnèrent bien
vite, ou le paquebot anglais, ou un autre endroit qui les mît à
couvert de l'indignation publique. Un d'eux (qui de plus avait
été aussi un des régénérateurs du Porto, au 24 août 1820) pro-
testait *catoniquement* le 31 mai de ladite année : « Je veux
» défendre jusqu'à la fin la dignité de ma place ; j'imiterai ces
» vieux Romains qui, lors de l'entrée des Gaulois à Rome,
» ont été tués sur leurs *chaises curules ;* oui, comme eux, je

» veux mourir ici sur ma *chaise* ! » Malheureusement les ad-
mirateurs de ces grands actes de dévouement eurent à regret-
ter, qu'à la salle du congrès il n'y eût pas de *chaises percées*,
pour qu'il fût possible à M. le député de tenir parole ; vu que,
deux jours après, il envoya s'excuser à *l'auguste congrès*
de n'y pas venir par le motif d'une diarrhée. Et c'était bien
le jour où le courage de la même assemblée fut mis à l'épreuve
la plus difficile, par les dangers toujours croissans qui la menaçaient à chaque instant ; il fallait, de plus, que ce jour-là les
Catons portugais signassent la protestation dernière contre
toute altération dans la constitution *.

(11)

Il y a un mois et demi que le *Sun* menaçait D. Miguel d'une
punition terrible, si ce prince n'abandonnait pas *la carrière
dangereuse dans laquelle il était entré* sans la permission du
Sun ; D. Miguel cependant n'a pas fait, à ce qu'il semble, grand
cas des menaces du journaliste, puisqu'il a poursuivi la carrière
que le droit, l'honneur et la légitimité ** lui ordonnaient de

---

* Voir Histoire de Jean VI, pag. 91. (Paris 1827.)

** Nous persistons toujours à entendre par *légitimité*, la *confor-
mité à la loi* ; parce que nous n'avons pas appris la logique d'un journal anglais, copié dans le *journal des Débats* d'aujourd'hui (28 mai),
qui entend par *légitimité* une autre chose que nous ne comprenons
pas ; nous allons rapporter les expressions dudit journal, afin que nos
lecteurs puissent aussi tâcher de deviner quelle sera la *légitimité*
dont parle le journal britannique. « D. Miguel, dit-il, se fera décla-
» rer *roi en vertu des anciennes lois de la monarchie*; mais comment
» *les anciennes lois de la monarchie* autorisent-elles à déposer le sou-
» verain légitime ? » Voilà ce qui est plaisant !... Que tous les gobe-
mouches partisans de la *charte métisse* applaudissent à cet argument
du journaliste d'Albion ! Réfléchissons un peu là-dessus : D. Miguel

suivre. Si cependant ce n'était que le *Sun* ou d'autres journaux qui voulussent dicter la loi à **D.** Miguel et à la nation portugaise, sans y être appelés du tout, nous ririons des menaces *journalistiques*, sans nous en inquiéter beaucoup ; mais quand des cabinets étrangers, et même de simples ministres accrédités auprès de la cour de Lisbonne, se permettent de vouloir, à ce qu'il paraît, demander compte au prince portugais de ses dispositions pour le gouvernement intérieur de son royaume, qu'il nous soit permis de demander aussi : De quel droit s'appuient ces messieurs pour en agir ainsi ?..

doit être déclaré roi *en vertu des anciennes lois de la monarchie.* Il sera donc roi *d'après ces lois,* il sera donc roi *légitime d'après les mêmes lois.* (De grâce, si M. le journaliste trouve quelque chose à dire à cette conclusion, qu'il la réfute d'après sa logique.) Mais « les mêmes lois n'autorisent point à déposer un *souverain légitime ?* » A la bonne heure ; on ne veut pas déposer D. Miguel, on veut le proclamer. Mais, suivant le journal, ce n'est pas D. Miguel qui est *le souverain légitime ;* non, d'après ce que nous venons de voir, le journal veut bien que D. Miguel soit *roi en vertu des anciennes lois,* c'est-à-dire, qu'il soit *roi légitime ;* mais non, qu'il soit *souverain légitime,* en *vertu des mêmes lois,* n'est-ce pas ?... Eh! bien, qui est-il donc le *souverain légitime* du journal ? — C'est D. Pèdre. — Et en vertu de quelles lois D. Pèdre est-il souverain légitime ?... C'est en vertu de la Charte. Mais non ; c'est lui qui, dit-on, a fait la Charte, et il l'a faite parce qu'il était *souverain légitime ;* sans cela, de quel droit pourrait-il faire des Chartes pour une nation ?... Il avait donc le droit de faire la *Charte* parce qu'il était souverain légitime en vertu des anciennes lois de la monarchie ; mais D. Miguel doit être proclamé *roi en vertu des anciennes lois de la monarchie.* Voilà donc le Portugal avec un *souverain légitime* et un roi légitime en même temps ; et, pour ceux qui n'admettront pas la distinction entre *souverain légitime* et *roi légitime,* voilà le Portugal enrichi de deux rois légitimes à-la-fois, d'après le journal anglais et d'après les mêmes lois !... A la bonne heure! *Quod abundat non vitiat!*

Si les cabinets contraires à D. Miguel, et les ministres des mêmes cabinets, s'appuient des droits *quia sum fortis, quia plus valeo* (le *droit* de la force, le *droit* de l'abus du pouvoir) dont s'appuyait le lion de la Fable (*Phèdr.*, *lib.* I, *fab.* V), et si, comme ce roi des bêtes, ils sont disposés à *justifier* leurs *équitables* prétentions par le même titre qu'il alléguait pour prendre la dernière partie de la proie, *malo afficietur qui quartam tetigerit* (malheur à celui qui touchera la quatrième ; ou, la quatrième m'appartient par le droit de mes griffes et de mes dents), nous admettons que le Portugal n'a pas de *logique* suffisante pour répondre à ces argumens. Sans doute le pauvre Portugal, aujourd'hui le jouet des Lamb, des Neuville et des journalistes (qui, le méprisant dans sa vieillesse, lui donnent chacun à l'envie son coup de patte), n'a pas le pouvoir de résister aux forces combinées de toute l'Europe, qui vont s'armer contre lui par ordre du *Messager des Chambres.* Comment résister à l'empereur Nicolas qui va demander la paix à Mahmoud, afin de pouvoir faire marcher ses Cosaques et ses huit cent mille soldats au secours du pamphlet du marquis de Palmella, la ci-devant *charte métisse ?..* Oui, le Portugal n'aura qu'à changer son hymne national (qui lui rappelle l'époque où il alluma le feu qui brûla la puissance de Napoléon) par une nouvelle *tragala,* dont s'occupe déjà un célèbre compositeur samojède, et qui sera jouée par toutes les musiques de l'armée combinée de toutes les puissances, laquelle ira faire entendre raison à D. Miguel et aux Portugais.

Tout cela est très bien : le *Messager des Chambres* sera le *Moniteur* de cette *croisade constitutionnelle ;* et, suivant lui, c'est alors que le Portugal, assujetti de nouveau à l'Amérique, redeviendra un *membre de la grande famille européenne,* de laquelle il se séparait en voulant continuer d'être une nation indépendante et ne pas constituer une colonie du Brésil !.. Nous reconnaissons enfin l'efficacité de ce beau *droit* qu'on appelle *de la force* ; il suffit qu'il ait été consacré par un des oracles des révolutionnaires, Jean-Jacques Rousseau, et nous sommes parfaitement d'accord avec le *Messager des Chambres* à ce sujet, avec une petite différence seulement, qui se réduit elle-même à une question de mots, c'est-à-dire, qu'il appelle cela de la *légitimité*, pendant que nous l'appelons de l'*oppression*.

(12)

Le *comte de Villa-Réal*, étant à Paris, après la mort de Jean VI, on vint à parler du successeur de ce roi dans une société où ledit comte se trouvait en même temps qu'un certain individu appartenant à la légation espagnole. Alors M. le comte soutint : *Que l'unique successeur incontestablement légitime de Jean VI, était le prince D. Miguel, d'après les lois du Portugal.* En cela, Son Excellence ne disait que ce que dirait toute personne qui saurait un peu les lois constitutives de la monarchie portugaise.

Quelque temps après arrive à Son Excellence la nomination à la pairie, d'après la *charte* engendrée par son beau-frère Palmella, et adoptée tout bonnement par l'empereur du Brésil. Cette dignité, quoique conférée avec difficulté à M. de Villa-Réal par le monarque Brésilien *, fit tout de suite changer Son Excellence d'opinion, et le voilà acharné défenseur d'une

---

* Il fallut l'intercession de sir Charles Stuart pour que D. Pèdre consentît à nommer pair le comte de Villa-Réal ; puisqu'il fut exclu de la première liste de ceux qui furent nommés. M. Stuart a voulu être reconnaissant pour une personne de la famille des *Sousas Coutinhos ;* laquelle depuis trente ans a si bien servi l'Angleterre, au préjudice de la nation portugaise, celle-ci ayant eu le malheur de les employer à son *desservice*.

autre *légitim'té* que celle qu'à Paris il trouvait sans contredit ; ce qui fit dire à quelqu'un : « Que la pairie traînait M. Mathéus de Villa-Réal à la queue du libéralisme brésilien, de même que certains intérêts financiers ont traîné un ministre célèbre de ces temps-ci à la queue de la politique anglaise. »

Un individu qui s'attachait aussi sincèrement aux nouvelles *institutions métisses*, qui n'avait pas craint, pour embrasser leur défense, d'encourir le b'âme d'avoir un caractère de girouette, fut avec raison choisi pour une mission qui n'avait rien moins pour but que d'obtenir de l'Espagne qu'elle donnât carte de naturalisation européenne à la nouvelle créature (la *charte*) qu'on avait confiée à sir Charles Stuart pour venir l'exposer sur les bords du Tage. Ainsi M. le comte fut envoyé à Madrid en 1826, où, entre autres inconvéniens, il eut la petite contrariété : que, défendant la *légitimité* de D. Pèdre comme roi de Portugal devant différentes personnes, il se trouva parmi elles cet Espagnol qui, comme nous l'avons dit, avait entendu Son Excellence à Paris parler un langage tout différent, puisqu'il y soutenait que ladite légitimité était pour D. Miguel, et non pour D. Pèdre. Notre Espagnol a fait remarquer tout bonnement à M. le comte, que Son Excellence avait oublié peut-être ce qu'elle avait soutenu à Paris devant différens témoins, et qu'un tel oubli n'était pas bien convenant dans un diplomate. M. Mathéus de Villa-Réal ne s'attendait pas à cet incident, il se tut en maudissant intérieurement l'étourderie de ne pas examiner son auditoire avant que de parler.

N'ayant pu rien faire à Madrid pour la reconnaissance du gouvernement *constitutionnel-brésilien* qu'on avait imposé au Portugal, M. le comte de Villa-Réal retourna à Lisbonne, et présenta à la chambre des pairs un rapport furieux où il épancha sa colère contre l'Espagne, parce qu'elle n'avait pas voulu

se rendre aux sommations de Son Excellence; et alors l'ai-
greur de M. le rapporteur n'épargna ni ses mêmes amis, ni
d'autres personnes auxquelles il avait des obligations, en trai-
tant en même temps trop rudement M. le marquis de Demoustier, ambassadeur de France à Madrid, lors de l'échauffourée
diplomatique de M. de Villa-Réal à cette cour.

Au moyen de ces quichotades constitutionnelles, M. de Villa-
Réal est parvenu à se réconcilier avec le parti libéral qui était au-
paravant très indisposé contre lui, parce qu'il avait accompagné le
comte d'Amarante dans les campagnes *inconstitutionnelles* de
1823; et enfin, sous la garantie de son beau-frère le marquis
de Palmella, il rentra de nouveau dans toute la confiance libérale. En conséquence, il fut nommé ambassadeur à Londres
pour remplacer le même M. de Palmella, qui était appelé par
la Princesse Régente au ministère des affaires étrangères à Lisbonne. Arrivé à Londres, M. Mathéus de Villa-Réal devait
entrer dans l'exercice de sa mission; mais le marquis de Palmella, qui se permettait (par le droit, je crois, d'avoir fait la
charte) de changer les dispositions de la Régente, trouva plus
à propos de rester dans la place qu'il occupait, et d'envoyer
M. de Villa-Réal à Vienne comme son propre ambassadeur,
puisqu'il l'envoya sans consulter, ni la Régente, ni le gouvernement de Lisbonne, et afin d'accompagner aussi et surveiller
le prince quand il quitterait la cour d'Autriche.

On convint enfin que le prince D. Miguel devait se rendre
à Londres *pour y recevoir les instructions de M. de Palmella*, et le comte de Villa-Réal se chargea de la tâche de le
surveiller et garder pendant son voyage, de manière qu'il fût impossible au Prince de parler avec personne qui pût lui dire
quelque chose qui dût ne pas être agréable au grand *régula-
teur* des destinées constitutionnelles du Portugal (Palmella).
M. de Villa-Réal s'acquitta de cette honorable tâche mieux que

le plus habile sergent de gendarmes, et je suis sûr que l'empereur de Russie désirerait autant d'exactitude dans les agens qu'il charge de temps en temps de commissions semblables à celle de M. de Mathéus quand ledit souverain fait faire à quelques individus un voyage de plaisir pour quelques années en Sibérie *.

Il semble qu'en passant par Paris, M. André Mathéus a commis un autre *oubli* semblable à celui de Madrid en 1826, en donnant lieu à l'anecdote suivante : On sait que l'un des jours que le prince D. Miguel séjourna à Paris, cette dernière fois, S. A. R. Madame, duchesse de Berri, donna une soirée audit prince, à laquelle furent invités la cour, et d'autres personnes à qui S. A. R. a voulu faire cet honneur. M. de Villa-Réal y était (parce qu'il fallait bien qu'il pût faire savoir à son beau-frère si quelqu'un, dans cette soirée, avait eu l'audace de dire à D. Miguel un mot qui ne fût pas avoué par son Excellence.) Le hasard fit que M. Mathéus rencontra parmi les invités M. Demoustier qu'il connaissait de Madrid. Malgré les complimens bien peu obligeans que, dans son rapport à la chambre des pairs, il avait fait à l'ancien diplomate français, M. de Villa-Réal s'adresse à M. Demoustier en le saluant poliment : celui-ci, soit qu'il ne connût pas M. de Mathéus, soit qu'il feignit ne pas le connaître, se montra surpris de sa salutation, et lui dit : « Mais, Monsieur, je crois que » vous vous trompez; je crois ne pas avoir l'honneur de vous » connaître!... » — « Je suis, répartit M. de Mathéus, le » comte de Villa-Réal, qui ai fait à Madrid votre connaissance, » lors.... » — « Eh! bien, dit alors M. Demoustier, à présent

---

* Sur la manière dont s'acquittent ces commis du gouvernement russe pour de telles commissions, on peut voir *l'Année la plus mémorable de ma vie.*— Par *Kotzbue.*

» je vous reconnais : j'avais bien entendu dire qu'un comte
» de Villa-Réal accompagnait S. A. R. le prince D. Miguel;
» mais je vous assure que je ne pouvais aucunement penser
» que c'était vous ; me souvenant très bien de ce que je vous
» avais entendu dire à Madrid : *Que le prince D. Miguel*
» *ne devait jamais retourner en Portugal, et que vous sa-*
» *viez qu'il n'y retournerait jamais*, comment pouvais-je
» m'attendre à ce que ce fût vous qui vinssiez le chercher
» pour le conduire dans son royaume!... Pardonnez-moi
» donc, Monsieur, de ne pas vous avoir reconnu, quand je
» vous vois tout-à-fait *changé*. »

(13)

M. Lamb avait bien prouvé son esprit hostile contre les défenseurs des droits de D. Miguel lors de son ambassade à Madrid, où il fit tout ce qui fut en son pouvoir auprès du gouvernement espagnol, pour gêner les Portugais royalistes; il sut mettre dans ses intérêts le ministre de Russie, M. d'Oubril qui, étant au commencement de la lutte des Portugais contre l'usurpation de D. Pèdre, très favorable à leur cause, a changé d'opinion et est devenu son ennemi. M. Lamb, pendant son séjour à Madrid, menaçait à chaque instant de sa retraite le gouvernement espagnol, dès qu'il s'imaginait que celui-ci avait usé de la moindre bonté en faveur d'un Portugais royaliste : il avait fait défendre par le gouvernement de Madrid à tout Portugais, qui n'était pas *libéral brésilien*, d'approcher de sept lieues la capitale, ainsi que la résidence où se trouverait le roi d'Espagne.

Cependant M. Lamb se laissait apaiser très-facilement, au moyen de quelque excuse, quelle qu'elle fût, que le ministère espagnol lui donnât; quelques personnes attribuaient cela à la bonhomie du ministre britannique ; mais il faut avouer que ces personnes ne voyaient pas trop clair en politique. La véritable raison de la facilité avec laquelle M. Lamb *sine bat exorari* (se laissait fléchir), c'est qu'il sentait bien que, ses demandes ne pouvant avoir aucun fondement dans le droit des gens, il trouvait mieux son compte à faire semblant de se contenter avec la plus futile satisfaction (puisqu'où rien n'est dû, la moindre concession est gain) qu'à provoquer, par une imprudente exigence, l'examen de la justice de ses prétentions. Les demandes de M. Lamb en Espagne, au sujet des Portugais émigrés, étant de la même nature que celle de lord Granville à M. de Villèle, en novembre 1827, pour écarter les Portugais royalistes du passage de leur Prince, elles ne pouvaient avoir aucune efficacité que par la faiblesse des ministres espagnols qui y cédaient. Nous sommes sûrs que le ministre anglais s'apaiserait également, et se garderait bien de demander ses passeports, si, au lieu de lui donner des satisfactions, le ministre espagnol des affaires étrangères lui répondait, comme il devrait : — Que S. M. C. ne voyant pas sur quoi repose une demande tendant à défendre de voyager librement dans son royaume, ou de venir à sa cour, des personnes qui n'ont rien de commun avec l'Angleterre, n'accorde pas cette demande ; et que, si M. l'ambassadeur, piqué de ce refus, veut s'en aller, il peut le faire ; que S. M. C. ne reconnaîtra cependant jamais que les torts avoués par la justice et par le droit des gens.

En effet, les demandes de M. Lamb à Madrid, ou du moins la plupart d'entre elles étaient destituées, comme celle du vicomte Granville, de tout appui dans les principes de la justice universelle et du droit des nations. Par conséquent, tant le ministère espagnol que le ministère français, péchèrent, en les accordant, contre une règle de saine politique : *Que la dignité de toute nation exige qu'on n'accorde pas à une autre nation plus que ce qui est de stricte et rigoureuse nécessité physique et morale, principalement quand la nation étrangère exigera de la première des mesures odieuses (telles que les susdites, prises contre les Portugais).* Que les représentans de quelqu'un des susdits gouvernemens fassent en Angleterre une semblable demande, et ils apprendront si le gouvernement anglais la leur accorde !..

FIN DES NOTES.

APPENDICE

Sur la protestation du vicomte d'Itabayana et du marquis de Résende, du 24 mai 1828.

Dans le numéro du *Constitutionnel* du 30 mai 1828, on lit une protestation de deux ministres du Brésil, faite à Londres, adressée à la nation portugaise. Cette protestation de M. Itabayana *, dans laquelle on ne saurait décider ce qui l'emporte de la sottise, de l'ignorance ou de l'effronterie de son auteur, prouve tout au plus que les droits des nations et des peuples ne se pèsent pas dans la même balance que deux onces de girofle ou une livre de morue.

Si M. Itabayana eût consacré à la connaissance des droits et des devoirs des souverains et des peuples, la moitié du temps qu'il a employé pour son apprentissage dans le commerce **,

---

* Nous avons des raisons pour croire que la protestation dont nous parlons a été confectionnée par M. Gameiro Itabayana, quoique le marquis de Résende la signe aussi; si cependant ledit marquis a fait plus que la marionnette dans cette affaire, qu'il prenne la moitié de mes complimens qui, dans ce cas, lui appartient de droit.

** Le public n'est jamais indifférent aux notices sur les *personnages importans;* ainsi nous donnerons ici quelques détails sur M. Itabayana-Gameiro, qui pourront même servir à excuser quelque - nes de ses bévues diplomatiques, en montrant que ce n'était pas à cette carrière qu'il était destiné. La première époque de la biographie de M. le vicomte d'Itabayana, par rapport au service du public, date du temps où sa seigneurie n'était encore que garçon épicier à Lisbonne, près le quai *do Sudré*, et on assure qu'il y a exercé son métier à la satisfaction de ses pratiques. Il était né au Brésil; il eut envie d'y retourner, et y étant allé, il parvint à être reçu copiste chez un ministre d'état, avec la protection duquel il a obtenu une place dans les emplois subalternes de la diplomatie. Lors du congrès de Vienne, il servit de secrétaire aux plénipotentiaires portugais qui y furent envoyés, et ce fut à cette occasion que M. Gameiro eut un petit désagrément, en recevant d'un des ministres (aujourd'hui le comte *d'Oriola*) une forte réprimande pour avoir voulu une fois s'immiscer dans les délibérations diplomatiques, quand il n'était destiné qu'à écrire ce que lesdits ministres lui ordonneraient. On voit déjà par ce trait que M. Itabayana a toujours été incliné à se mêler de ce qui ne le regarde pas, et c'est en conséquence de ce petit défaut qu'il se juge aujourd'hui autorisé à tout dire, tout représenter, confirmer la légitimité de la junte militaire de Porto, casser les pouvoirs de

il saurait alors ce que signifient les mots *autorité légitime,
droits incontestables, droits héréditaires, etc.*, qu'il emploie
dans sadite protestation, sans savoir ce qu'il dit. Il saurait que
rien n'est *légitime* que ce qui est *conforme à la loi;* que l'autorité de D. Pèdre, comme roi de Portugal, étant tout-à-fait
contraire à la loi foudamentale de ce royaume, au lieu d'être *légitime*, est *anti-légitime.* Il n'appellerait pas *droits incontestables* ceux qui se trouvent contestés en différens écrits, d'une
telle manière que sa seigneurie même, avec toute sa science
diplomatique, ne saurait arriver à la moindre réfutation.

M. Gameiro-Itabayana saurait alors que pour avoir le *droit
héréditaire* à une couronne, il faut avoir les conditions requi-
ses par les lois qui règlent et établissent ce même *droit héréditaire,* et que ces conditions manquent à l'empereur du Brésil
et à sa fille, pendant qu'elles se vérifient dans la personne de
D. Miguel. M. d'Itabayana ne serait point enfin à même de
dire une niaiserie si gigantesque que celle d'admettre la *prescription* contre une loi écrite, et principalement contre la loi
constitutive d'un pays!... M. le vicomte sait-il ce que c'est que
la *prescription*, quand il nous dit dans sa protestation: « que

D. Miguel, révoquer le décret de l'abdication de D. Pèdre, inven-
ter toute espèce d'instructions, comme données par ce monarque,
pour tous les cas possibles, etc., etc. (Voir *le Constitutionnel* du
15 juin, art. Londres.) Il restait cependant encore une occasion, un
objet d'une plus haute gravité pour que M. Gameiro-Itabayana y
pût exercer ses talens extraordinaires. Ayant retourné une seconde
fois au Brésil, on cherchait à la cour de Rio-de-Janeiro un homme
assez habile pour qu'on pût lui confier une mi s o i de la plus haute
importance: M. Gameiro justifia le choix qu'à cet effet on a fait de
sa personne. Il s'agissait de conduire, sain et sauf, à Vienne, un
perroquet dont on allait faire cadeau à une personne de la maison
impériale d'Autriche; M. Gameiro fut chargé de ce précieux dépô t,
et il s'acquitta si bien de cette honorable commission que les mérites
qu'il y acquit firent du moins les deux tiers des dégrés par lesquels
il monta à sa fortune et à sa vicomté. Ce fut après cette épreuve
de son adresse diplomatique dans une affaire si délicate, qu'il fut
nommé attaché à le légation de Portugal à Paris. Embrasé toujours
du zèle le plus ardent pour le *principe tutélaire de la légitimité*, aussitôt que D. Pèdre se révolta avec le Brésil en refusant l'obéissance
à son père et souverain, M. Gameiro embrassa le parti de la révolte
contre le roi Jean VI qui l'avait tant favorisé; en considérant, sans
doute que, le Brésil, étant désormais séparé du Portugal, et ce dernier pays ne produisant pas des perroquets, ses services pourraient
être inutiles à Jean VI, pour les affaires dans lesquelles M. Gameiro
avait montré le plus de dispositions.

les états dudit royaume (Portugal) ont cessé d'exister par l'effet d'une longue prescription » ?...

M. Itabayana devait se garder de parler de ce qu'il ne comprend pas.... « Institutions (dit-il, en parlant de la charte *mé-* » *tisse*) qui ont été légalement établies...» Quelle est la loi qui a fait la *légalité* de ces institutions ?... elle ne pouvait être autre que celle qui existait avant la loi nouvelle, ou la Charte; mais sa seigneurie dit, plus bas, que l'ancienne loi « a cessé » d'exister par l'établissement des institutions *nouvelles* », et l'ancienne loi ne pouvait pas appuyer ce qui la détruisait; d'où vient donc la *légalité* des nouvelles institutions?... Elle ne peut venir que d'elles-mêmes; et, comme il s'agit de s'aider chacune de ses propres forces, la *légalité* de la loi ancienne chasse aujourd'hui *la légalité* usurpatrice de la nouvelle loi.

Jusqu'ici, cependant, on ne voit qu'un individu qui parle sans savoir ce qu'il dit, et dont les misérables sophismes veulent, pour soutenir l'usurpation, s'accrocher à la légitimité qui les repousse. Mais, vers la fin de la fameuse protestation de M. Banana-Gameiro, la *partie doctrinale* de son discours est plus importante. Ne voyez-vous pas comme sa seigneurie fait un appel au pouvoir du peuple contre l'autorité, c'est-à-dire au pouvoir de la révolte, pour soutenir « le principe tu- » télaire de la légitimité qui fait la base de la paix de l'Europe, » et que tous les souverains se sont si noblement engagés à » conserver inviolable, comme le plus sûr moyen d'assurer » leur bonheur et celui de leurs sujets ?...» N'est ce pas appeler la révolution au secours de la légitimité?... Mais sa seigneurie agit d'après les principes de son gouvernement et de son souverain, qui, dans ses actes comme dans ses lettres, a consacré le principe de la souveraineté du peuple, et a fait, en 1821, un semblable appel à la révolte, pour se soustraire à l'obéissance de son auguste père. Alors M. Gameiro a secondé cet *acte de légitimité*, en résidant long-temps à Paris comme agent secret du prince rebellé; tout cela par amour du *principe tutélaire de la légitimité*, qu'il nous proclame aujourd'hui!... Que tous les gouvernemens légitimes de l'Europe s'empressent donc d'appuyer les principes de M. de Gameiro et la légitimité qu'il prêche !

POST-SCRIPTUM.

Il y a quelques jours que M. Mousinho da Silveira, ci-devant administrateur de la douane de Lisbonne, et qui a été ministre d'État du roi Jean VI, a dit à un Portugais royaliste, alors résidant à Paris : « Que tout ce qu'on avait écrit pour prouver les droits de D. Miguel à la couronne de Portugal, *n'était que des sottises.* » L'auteur de cette brochure, qui s'est aussi occupé d'écrire en faveur des droits de D. Miguel, remercie infiniment M. Mousinho de son compliment dans la part qui le touche; mais comme il est persuadé que les *sottises* de l'auteur de l'*Examen de la Constitution de D. Pèdre et des droits de D. Miguel*, ainsi que celles de l'auteur de *Moi, je ne suis pas un rebelle*, etc., sont telles que, pour les réfuter, il ne suffit pas d'y répondre seulement avec d'autres sottises, il invite, au nom des apologistes des droits de D. Miguel, M. Mousinho, à réfuter leurs argumens, exposés dans les ouvrages cités dans la note à la page 43 de cette brochure. Nous profiterons des *anti-sottises* de M. Mousinho; il nous fournira l'occasion d'avoir le plaisir de nous occuper de lui, et de lui faire aussi nos complimens à notre tour.

M. Mousinho était lettré dans sa patrie, il devait s'entendre aux lois de sa nation; comme chrétien il ne doit pas avoir oublié sa doctrine et que c'est la première des œuvres de miséricorde que d'*enseigner les ignorans* : nous sommes dans les ténèbres; que M. Mousinho nous communique un rayon de sa lumière, et nous serons éclairés ! Nous apprendrons peut-être à voir et à juger les choses au rebours de la vérité physique et morale. Il n'y aura pas de raisons qui puissent tenir contre nous quand, avec la logique de M. Mousinho, nous apprendrons à réfuter toute espèce d'argumens avec cette toute simple réponse : *c'est une sottise* : ce refrain sera pour nous la massue d'Hercule, qui abattera d'un coup toutes les têtes de l'hydre argumentatrice qui osera nous contrarier.

FIN.

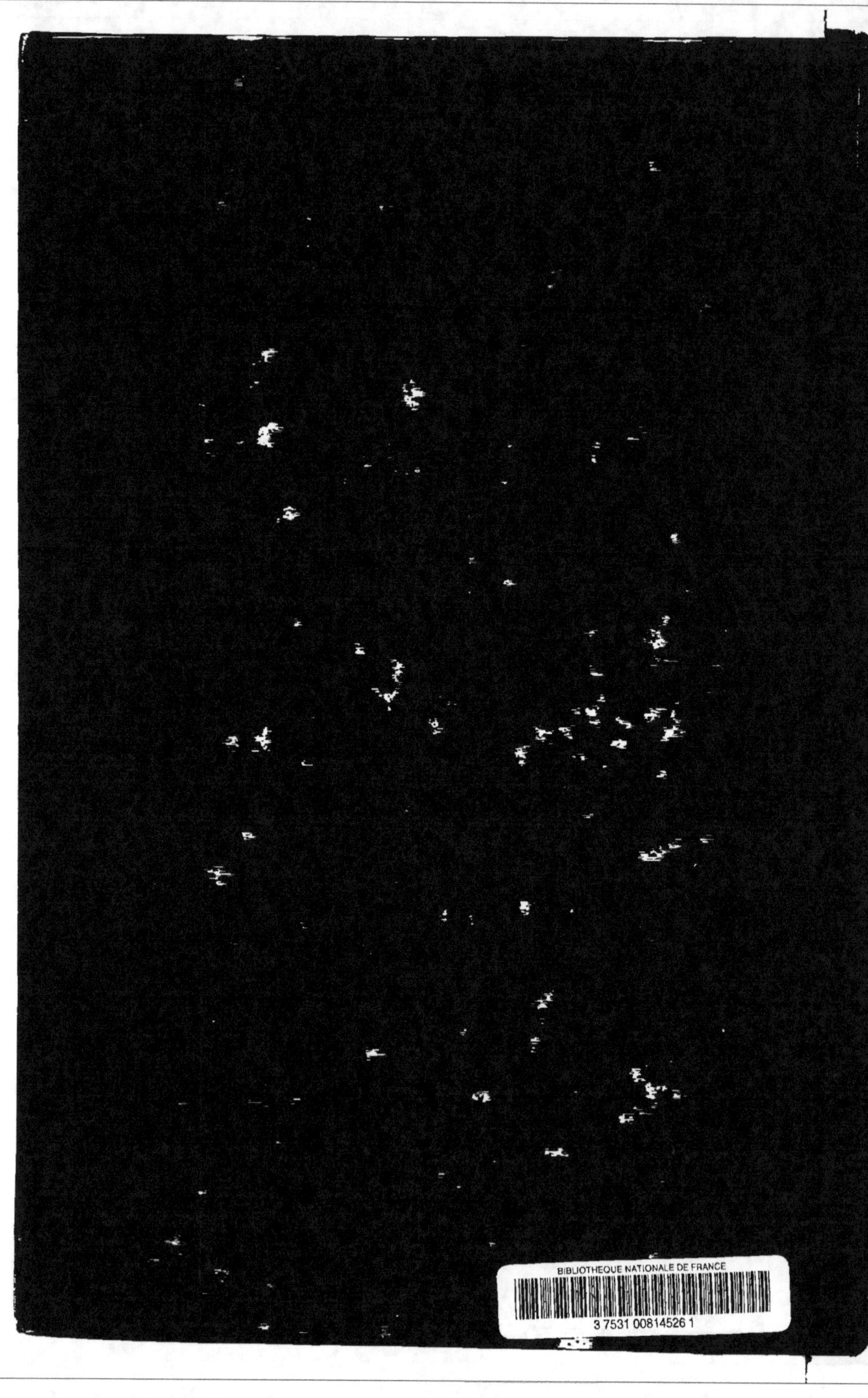

LETTRES PATENTES
DU ROI,

PORTANT réunion aux Bâtimens du Palais de quelques parties de terreins appartenans au Chapitre de la Sainte-Chapelle, pour servir à l'agrandissement des Prisons de la Conciergerie.

Données à Versailles le 27 Mars 1780.

Regiſtrées en Parlement le vingt-huit Avril mil ſept cent quatre-vingt.

LOUIS, par la grace de Dieu, Roi de France & de Navarre : A nos amés & féaux Conſeillers, les Gens tenant nos Cour de Parlement & Chambre des Comptes à Paris ; SALUT. Par notre Edit du mois d'Août 1777, Nous avons annoncé à nos Peuples le projet que nous avions formé de procurer aux Priſons de notre Royaume l'agrandiſſement, la ſûreté & la ſalubrité dont elles pouvoient avoir beſoin ; Nous nous ſommes en effet occupé de cet objet intéreſſant à meſure que les circonſtances l'ont permis ; & Nous avons la ſatisfaction de voir que, malgré la difficulté des temps, une partie de nos intentions à cet égard a déjà été remplie. Les Priſons de la Conciergerie du Palais de Paris, plus expoſées qu'aucune autre à la corruption de l'air & aux maladies contagieuſes qui en ſont les ſuites, par le grand nombre de priſonniers qu'on eſt dans le cas d'y renfermer, ont dû ſur-tout attirer notre attention, & nous avons cru devoir pro-fiter de la circonſtance des conſtructions que le rétabliſſement des par-ties du Palais, détruites par l'incendie arrivé au mois de Janvier 1776, met dans la néceſſité d'y faire, pour procurer à ces Priſons, par des diſpoſitions nouvelles, & des diſtributions plus commodes, un ſervice beaucoup moins difficile pour ceux qui en ſont chargés, & une ſalubrité qu'elles n'avoient pas encore eue. Les moyens qui ont été employés ont rempli, à l'égard de la partie de ces Prifons qui doit être occupée par les hommes, l'objet qu'on s'étoit propofé ; mais le défaut d'efpace ne permettant pas de procurer à celle deftinée aux femmes, les mêmes commodités, Nous nous fommes fait rendre compte des moyens dont on pourroit faire ufage pour y parvenir, & Nous avons reconnu qu'il étoit indifpenfable de réunir à l'emplacement de ces Prifons la plus grande partie des terreins & bâtimens occupés par la Maîtrife des Enfans de Chœur de la Sainte-Chapelle ; qu'il conviendroit d'établir cette Maîtrife dans les deux maifons contigues qui dépendent du Canonicat du fieur Boitel, l'un des Chanoines de la Sainte-Chapelle, dont le local offre tout ce qui eft néceffaire pour le logement du Maître de Mufique & des Enfans de Chœur ; & que le fieur Boitel pourroit lui-même être logé dans une maifon appartenante à un autre Chanoine de cette Eglife, & que le fieur Bexon, à qui elle appartient, confentoit à lui céder pour cet ufage. En conféquence, Nous avons fait dreffer les plans & projets relatifs à cet arrangement ; & Nous en avons fait donner communication au Chapitre de la Sainte-Chapelle, à qui Nous avons propofé en même temps d'accorder fur notre Domaine auxdits fieurs Boitel & Bexon un dédommagement annuel proportionné à la perte qu'ils éprouveroient refpectivement, par la privation de leurs maifons & des revenus qu'ils retiroient de leur location. Nous avons vu avec fatisfaction que le Chapitre, par une délibération qu'il a prife à cet effet le 27 Janvier dernier, s'eft empreffé de répondre à nos vues ; Nous croyons en conféquence ne pas devoir différer plus long-temps d'ordonner l'exécution d'un projet qui doit augmenter la falubrité de l'air dans les Prifons de la Conciergerie ; & Nous penfons qu'il eft en même temps de notre juftice de ftatuer fur les dédommagemens dûs auxdits fieurs Boitel & Bexon à cette occafion. A CES CAUSES, & autres à ce Nous mouvant, de l'avis de notre Confeil, & de notre certaine fcience, pleine puiffance & autorité royale, Nous avons ordonné, & par ces préfentes fignées de notre main, ordonnons que les deux cabinets fitués fous le bâtiment deftiné aux Archives de la Couronne, ainfi que partie des terreins & bâtimens actuellement habités par le Maître de Mufique & les Enfans de Chœur de la Sainte-Chapelle à Paris, jufques & dans l'alignement du mur extérieur du pavillon occupé par notre Cour des Aydes, & la petite cour y joignante, dépendantes du Canonicat du fieur Boitel, dans ledit alignement, & jufqu'au mur de clôture du jardin, feront & demeureront réunis à perpétuité aux bâtimens du Palais, pour être lefdits emplacemens employés à l'agrandiffement des Prifons de la Conciergerie, & y être inceffamment fait les ouvrages & conftructions néceffaires pour y former une Prifon & une Infirmerie particulieres pour les femmes, conformément aux plans & projets qui en ont été dreffés, lefquels Nous avons approuvés & approuvons. Voulons qu'au moment où lefdits Maître de Mufique

3

& Enfans de Chœur auront abandonné leur habitation actuelle, ils soient établis dans les deux maisons contigues & emplacemens en dépendans, composant le Canonicat du sieur Boitel, l'un des Chanoines de la Sainte-Chapelle, auquel Nous assignons pour logement, ainsi qu'à ses successeurs en son Canonicat, suivant le vœu de la délibération du Chapitre de ladite Eglise, en date du 27 Janvier dernier, la maison indiquée dans ladite délibération, située dans la Cour du Palais & dépendante du Canonicat du sieur Bexon, l'un des Chanoines de ladite Eglise. Ordonnons que les Particuliers occupant actuellement lesdites maisons & emplacemens à titre de bail, location ou autrement, seront tenus de les vuider dans un mois pour tout délai, à compter du jour de la signification qui leur sera faite des présentes à la requête du sieur Rua, Trésorier de France, & Commissaire Inspecteur des bâtimens dépendans de notre Domaine dans la ville de Paris, résiliant & annullant, à cet effet, par ces présentes, tous baux, promesses ou engagemens de quelque nature qu'ils soient, relatifs auxdites maisons qui pourroient exister entre lesdits Particuliers & les Chanoines propriétaires desdites maisons ; Nous nous proposons néanmoins de pourvoir aux dédommagemens & indemnités qui pourroient être dûs auxdits Particuliers à cette occasion, à l'effet de quoi ils seront tenus de se pourvoir pardevant Nous en la maniere accoutumée ; & pour dédommager & indemniser les sieurs Boitel & Bexon, & leur tenir lieu des revenus que leur produisoit la location de leurs maisons & emplacemens en dépendans, Nous avons ordonné & ordonnons qu'à compter du premier Avril prochain, il sera fait emploi annuellement & à perpétuité dans les états des charges assignées sur notre Domaine de la Généralité de Paris, qui seront arrêtées en notre Conseil, sçavoir : 1°. sous le nom du sieur Boitel & celui de ses successeurs à son Canonicat, de la somme de trois mille six cent livres, dont quatre cent livres seront néanmoins spécialement affectées & hypothéquées à l'acquit de pareille somme que ledit sieur Boitel est tenu de payer annuellement pour le remboursement de celle de neuf mille livres à laquelle il a été taxé par Arrêt rendu en notre Chambre des Comptes de Paris, le 25 Juin 1776, pour sa contribution à la dépense des réparations faites en 1775 à la maison Canoniale attachée à la Prébende de son Bénéfice ; voulons qu'au 1er Janvier 1798, époque à laquelle le remboursement desdits neuf mille livres aura été entiérement effectué, l'emploi fait dans lesdits états de notre Domaine, au profit dudit sieur Boitel & de ses successeurs, ne subsiste plus que pour la somme de trois mille deux cent livres seulement ; 2°. sous le nom dudit sieur Bexon & de ses successeurs à son Canonicat, de la somme de dix-huit cent livres, à laquelle nous avons fixé l'indemnité due audit sieur Bexon, pour raison de la privation de la maison dépendante de son Canonicat, qui demeurera à l'avenir affectée au logement du sieur Boitel & de ses successeurs. Voulons que les deux sommes ci-dessus

énoncées demeurent franches, quittes & exemptes à toujours de toute
espece de retenues & impositions quelconques, & qu'elles soient payées
ou tous les trois mois, ou tous les six mois, ou par chaque année, au
choix desdits sieurs Boitel & Bexon & de leurs successeurs, & sur leurs
simples quittances; ce qui aura lieu à mesure que lesdites sommes seront
dûes, & sans que, pour en effectuer le paiement, il soit nécessaire d'attendre que les états de notre Domaine où elles devront être employées,
soient arrêtés en notre Conseil. Ordonnons au surplus que la piece dépendante de la maison dudit sieur Boitel, & que nos Conseillers Secré-
taires en notre Grande Chancellerie tiennent de lui à titre de location,
sera, à compter du premier Avril prochain, louée au profit de notre
Domaine, à l'effet de quoi voulons que le produit de ladite location soit
à l'avenir, & à compter dudit jour premier Avril, perçu par Jean-Vin-
cent René, Administrateur de nos Domaines & Bois. SI VOUS MANDONS
que ces présentes vous ayez à faire registrer, & le contenu en icelles
garder & observer selon leur forme & teneur, nonobstant toutes choses
à ce contraires: CAR tel est notre plaisir. DONNÉ à Versailles le vingt-
septieme jour de Mars, l'an de grace mil sept cent quatre-vingt, & de
notre regne le sixieme. *Signé* LOUIS. *Et plus bas*: Par le Roi, AMELOT.
Vu au Conseil, PHELYPEAUX. Et scellé du grand sceau de cire jaune.

Registrées, oui & ce requérant le Procureur Général du Roi, pour être exé-
cutées selon leur forme & teneur, suivant l'Arrêt de ce jour. A Paris, en
Parlement, les Grand'Chambre & Tournelle assemblées, le vingt-huit Avril
mil sept cent quatre-vingt.

Signé YSABEAU.

A PARIS, chez P. G. SIMON, Imprimeur du Parlement,
rue Mignon Saint André - des - Arcs, 1780.

9 782019 312909